宝塚ファンから読み解く

超高関与消費者へのマーケティング

marketing for ultra-high involvement consumers

和田充夫・編著

有斐閣

まえがき

「わが国の市場の多くは成熟し、さらなる需要の拡大は難しく、市場シェアを奪い合うか、顧客を囲い込むことに邁進しなければならない」。現代のマーケターの多くは、そのような呪縛に囚われている。

果たして需要の拡大は、諦めるべきなのだろうか。われわれはそのことに異を唱える。マーケティング戦略の重要な目的は市場の創造であり、需要拡大である。その行為の主役は企業だけにとどまらない。われわれは、製品やサービスと強く結びついた超高関与消費者が、需要を創造し拡大へと導くエンジンとなりうると考える。

従来、超高関与消費者はマニアやイノベータに類するものとして捉えられてきた。彼・彼女たちは需要拡大には貢献しない、というのが定説である。しかし、市場が極度に細分化され、商品のファスト・サイクル化が進み、商品が見切られてしまう状況を、超高関与消費者は見過ごすことができない。それらの商品との結びつきは彼・彼女たちの独自のライフスタイルを形成する源であり、自己を規定するアイデンティティとなっているからである。当該商品の消費は、超高関与消費者にとって人生のかけがえのないパーツなのである。

このことから、超高関与消費者は群像としてのユーザー・イメージを作り上げ、そのイメージをもって需要への誘導を図るとともに、CtoCの双方向コミュニケーションを通じ、需要拡大の担い手となりうると考えられる。

上のような問題意識のもと、われわれはaarc（アーク、area and art revolution core）という名称の研究会を結成した。aarcは『地域ブランド・マネジメント』（有斐閣、二〇〇九年）を上梓したメンバーを母体としており、消費者行動研究や関係性マーケティングの発展を志し、同様の問題意識をもつ研究者、実務家を新たな仲間に迎え、研究を行ってきた。

われわれは思い描いたリサーチ・クエスチョンを明らかにするために、既存研究のレビューを行うだけでなく、アンケートやインタビューを通じた実証分析を実施した。超高関与消費者群像をつかむべく、研究対象に選んだのが宝塚歌劇のファン消費である。aarcがその名にareaとartを内包しているのは、このような背景による。

宝塚歌劇団の年間観客動員数は二七〇万人にのぼり、宝塚市にある大劇場の稼働率は約八八%、日比谷の東京宝塚劇場は一〇〇%と高水準を保っている。各劇場の前ではファンの入り待ち・出待ちを見受けることができ、ファンクラブの活動も熱心に展開されている。そしてそのファンの活動は劇団が働きかけてのことではなく、ファンのボランタリーな活動なのである。

aarcでは五年間に及ぶ調査期間をかけ、宝塚歌劇の超高関与消費者の実像、消費動機、コミュニケーションの様相などの探究に努めてきた。本書はその研究成果を明らかにするものであり、八つの章から構成される。

第1章では、現在の消費者行動研究の主流である消費者情報処理モデルの理論的、実践的課題を指摘する。さらに、昨今のマーケティング戦略の展開に需要創造、拡大の視点が失われつつあることに触れ、超高関与消費者が需要拡大のエンジンとなることを差し示す。

第2章では、本書のテーマである「超高関与」の概念を捉えるために、消費者行動研究における関与概念を整理したうえで、超高関与に至る関与の生成、強化プロセスについて考察する。それにより超高関与消費者を理解するためには、没入の観点も加味した永続的な関与を検討する必要があること、超高関与消費者には分類すべき群があること、その群を分ける要因を究明する必要があることという、続く実証分析の取り組むべき方向性が明示される。

以降、宝塚歌劇ファンの消費の分析に取りかかるにあたって、まず第3章では宝塚歌劇の知識が少ないであろう読者のために、宝塚歌劇団の変遷、事業構成、宝塚ファンの消費行動の特徴について解説する。

第4章では、超高関与消費者の実態を把握するために、宝塚歌劇のファンを対象とした定量調査を実施し、行動変数である年間鑑賞回数をもとに顧客層を分類したうえで、それぞれのプロファイリングを実施した。これによって、各層間の関わりや需要喚起のきっかけはみえてきたものの、ブランド支援行動や他者推奨はどのような超高関与消費者が行うのかについては、明らかにするまでに至らなかった。

そこで第5章では、消費動機の側面から超高関与消費者を分類することとした。動機として六つの因子（接近欲求、自己研鑽、成長支援、絆、心的解放、優越感ステイタス）が抽出された。それに基づいて五つのファン層（熱狂的ファン層、非日常消費層、古典的ファン層、自主消費層、お定まり消費層）を導出し、各々の宝塚観劇行動、居住地域、年代などのプロファイリングを行った。

熱狂的、古典的ファン層は宝塚の役者に入れ込む「パーソン消費」という特徴を強くもつとともに、そのパーソン消費を軸としたファンクラブというコミュニティのなかで積極的な消費、需要拡大の動きを展開していることがわかった。残りの層は社会環境の変化によって広がりをみせており、超高関与消費者の宝塚歌劇団へのコミットも多様になっていることが判明した。

こうした結果は、顧客とブランドとの関係性が長期化するにつれて、顧客が変容していくことを示唆するものである。第6章では、多様化するファンのマネジメントの手がかりをつかむために、五つのファン層の特徴の再確認、コミュニケーション意識、コミュニケーションの様相を解説する。分析の結果、超高関与であるファン層は次の二つの特徴ある消費群に分けられる。すなわち、役者やファン同士の関係性の構築と維持のための消費を行う関係性消費と、自身の満足のために消費を行う個人消費である。これに基づいてファンの年代別に超高関与消費者の変容プロセスが描かれた後、ファンのエイジングと関係性デザイン・ツールとしてのファンクラブの再考、という二つのマネジメント課題が提示される。

第7章では、それまでの分析を受けて、今後の宝塚歌劇団のマネジメント施策について提言を行う。とりわけ、ファン層のエイジング対策とファンクラブの活性化を取り扱っている。まず顧客誘導の点はマネジリアル・マーケティングのフレームから対応策の検討がなされる。ここでは、多様なファン層に適応した施策をとるべきであることが示唆される。消費プロセス、消費後プロセスへは関係性マーケティングのフレームから検討がなされ、ファンとの共創関係の構築のためには、物語性を活用したブランディングが肝要となることが強調される。

フィナーレを飾る第8章では、超高関与消費者群像を生かした需要拡大戦略に言及する。その適用範囲は本来的に生活の豊かさ演出に関わる商品カテゴリーであることを明示した後、成熟市場における新需要の開発、既存需要の掘り起こしに、超高関与消費者群像が貢献しうることを、昨今の市場動向を読み解きながら解説する。

そのうえで、需要拡大のエンジンは、C to Cの関係性であり、それを誘発するために、製品・サービスの物語性、ブランド・コンセプト、ユーザー・コンセプトの訴求が肝要であることが明らかにされる。

本書は分担執筆の形式をとったが、ほぼ毎月行ってきた研究会に全国からメンバーが集い、調査の知見の共有、討議、基本的な概念の導出を行ってきた。研究の過程では、多くの宝塚歌劇のファン、関係者とめぐり逢い、お力添えを頂いた。また吉田秀雄記念事業財団より研究助成を頂くことで、調査を円滑に進めることができた。ここに感謝を申し上げる。

本書が、消費者行動研究、関係性マーケティングへの新たな視座の提供となっているとするならば幸いである。

恩師より前口上を拝命して

長尾　雅信

❀ 執筆者紹介（執筆順）

和 田　充 夫（わだ みつお）　　**担当**：編集，第**1**章，第**8**章

慶應義塾大学名誉教授

主要著作：『ブランド・ロイヤルティ・マネジメント』同文舘出版，1984年；『関係性マーケティングの構図』有斐閣，1998年；『ブランド価値共創』同文舘出版，2002年

鈴 木　和 宏（すずき かずひろ）　　**担当**：第**2**章，第**4**章

小樽商科大学商学部准教授

主要著作：「使用状況と消費者関与の探索的研究」『生産管理』19（1），2012年；「消費財市場におけるコモディティ化の一考察」『商学研究』66，2012年；『コモディティ化市場における製品ブランドの経験価値マーケティング探究』（関西学院大学大学院商学研究科博士学位論文）2013年

津 村　将 章（つむら まさゆき）　　**担当**：第**3**章，第**7**章

九州産業大学商学部講師

主要著作：「マーケティング・コミュニケーションにおけるクリエイティブ評価指標の作成」『第47次吉田秀雄記念事業財団助成研究報告書』2014年；『物語がもたらす効果』（東北大学大学院経済学研究科博士論文）2014年

飯 島　　健（いいじま けん）　　**担当**：第**3**章，第**7**章

元宝塚歌劇団プロデューサー

長 尾　雅 信（ながお まさのぶ）　　**担当**：第**5**章，第**6**章

新潟大学大学院技術経営研究科准教授

主要著作：『地域ブランド・マネジメント』（共著）有斐閣，2009年；「地域ブランドの地場産業への浸透と融合」池尾恭一・青木幸弘編『日本型マーケティングの新展開』有斐閣，2010年；『地域ブランド・イノベーション』（共著）新潟日報事業社，2013年

徳山　美津恵（とくやま みつえ）　　**担当**：第**5**章，第**6**章

関西大学総合情報学部教授

主要著作：『地域ブランド・マネジメント』（共著）有斐閣，2009年；『価値共創時代のブランド戦略』（分担執筆）ミネルヴァ書房，2011年；「ブランド・ポジショニングと消費者の認知」『繊維製品消費科学』第53巻第9号，2012年

目　次

目　次

目　次

第7章　宝塚歌劇団のマネジメント施策 ―― 181

第1章

超高関与消費者とは／宝塚ファンとは

1　問題意識

そもそも、マーケティングという企業行為を単純にいうならば、「自分が作ったもの（サービス）を誰に売るのか」そして「どのように売りを拡大してゆくのか」ということになろう。したがって、マーケティング戦略立案の前提としての消費者行動研究は、この「誰」を明らかにすることから始まったものといってもいいだろう。そして、消費者行動研究は、「誰」についての消費者特性についてパーソナリティ変数や人口動態変数を明らかにすることによって、彼らの購買特性を抽出し、それに対応したマーケティング戦略としてのターゲット・マーケティングや市場細分化戦略の展開を試みたのである。

しかし、マーケティングの戦略対応としてのパーソナリティ分析や人口動態変数分析は、一九六〇年代に至ってその限界を露呈した。すなわち、この当時から、たとえば人口動態変数の違いによって消費者の購買行動の違いが見分けられないという現象が発生したのである。消費者特性としての社会階層でいうならば、もはや社会階層上位者がリンカーン・コンチネンタルを乗りまわし、社会階層下位の人々がピントを購買するという状況ではなく、社会階層上位者でも燃費効率がよく安価なホンダ・シビックを購入し、社会階層下位の人々でもキャデラックを乗りまわすという現象が多々みられるようになったのである。

以上のような、「誰が」を捉えるうえでの人口動態変数の限界に対応して登場したのが、「ライフスタイル概念」による「誰が」の分析である。つまり、人は持って生まれた人口動態変数(ascribed traits)に規定されて消費するのではなく、自らが創りあげたライフスタイル(生活様式)によって消費するのだという主張である。そして、理論的にはこのライフスタイル概念の分析あるいはデモグラフィック変数の分析のほうが、マーケティング戦略対応力が高いと判断されたのである。しかし、ここで問題となるのは、人口動態変数の分析が公刊データに基づいて比較的簡単に行われるのに対して、ライフスタイル変数の分析は常にプライマリー・データの収集が必要であり、時間とコストがかかるという難しさを内包していた。つまり、ライフスタイル変数の抽出に基づいた分析には大規模な市場調査が必要とされ、わが国でもライフスタイル概念はいち早く紹介されたものの、実践的に大規模な市場調査を行った企業は数少なく、一九六〇年代以降わが国では、ライフスタイル概念は理論的には説得性があると考えられたものの、実践的な活用はほとんどみることはできなかった。

一九七〇年代以降、「誰に」に対する消費者の人口動態変数分析やライフスタイル分析は、とくに実践的にはほとんど行き詰まってしまった。ここに登場したのが「消費者行動プロセス・モデル」である。これは、マーケティング戦略対応力については「消費者は誰か」という分析では不十分であり、「消費者がどのようなプロセスを経て購買に至るのか」という分析のほうが有効であるとしたのである。このような分析枠組は、一般的に「包括的消費者行動プロセス・モデル」と総称され、すでに一九六〇年代から、「ハワード・シェス・モデル」、「エンゲル・コラット・ブラックウェル・モデル」、さらには「ニコシア・モデル」などがその代表例として紹介されていった。つまり、消費者行動プロセス・モデルは、「消費者は誰か」という分析よりも、「消費者がどのようなプロセスを経て購買に至るのか」という分析のほうが重要であり、そのプロセスのなかにこそマーケティング戦略対応のヒントがあるのだという主張である。

消費者行動研究における以上のような分析視点の転換はさらに、一九七〇年代に至って台頭した「消費者情報処理モデル」の展開によってさらなる発展を遂げ、以降、今日に至るまで消費者行動研究の中心は消費者情報処理モデルに基づいた分析となった。つまり、消費者行動研究の端緒となった消費者の個人特性「誰が」の分析は、ここでは置き去りにされてしまったのである。ここでは消費者は一人であり、すべての消費者が一元的に情報処理を行うということが前提とされたのである。

一九六〇年代に華やかに登場したライフスタイル研究はその後、たとえば、J・T・プラマーの研究、SRI（Stanford Research Institute）によるVals（Value & Lifestyle）研究、ヤンケロビッチ研究所によるライフスタイル・トレンド研究などは、理論的にも実践的にも注目されなくなってしまったのである。しかし、ここで重要なことは、消費者の消費購買行動を一元的・総括的に情報処理行動として捉えていいのかどうかということである。「消費者行動は、その特性の違いによって異なる」という主張は、依然として保たれると考えられないだろうか。

2 関与概念の登場

消費者情報処理モデルを中心とした消費者行動研究は、あまりにも購買行動プロセスの分析を重視するがゆえに、「誰が」という視点に注目しなくなってしまった。問題は、すべての消費者が同じように情報処理プロセスを経て購買に至るのだろうかという疑問である。消費者は誰でもどのような状況でも同じような購買プロセスを経て購買するのだろうか。さらに、情報処理プロセス・モデルは、その実証分析の困難さもあって、実践的有効性やマーケティング戦略対応力の限界を露呈してしまった。

ここで消費者情報処理プロセス・モデルの限界に一石を投じたのが、関与概念であり感情概念のモデルへの導入である（関与概念については第2章参照）。つまり、ここで消費者情報処理モデルに「誰が」という視点、「誰のどのような状況に」という視点を導入したのである。関与概念も感情概念も、「誰が」という視点を「どのような状況で」という視点で捉え、情報処理モデルの一元性を打破したと考えていいだろう。関与概念は、これまでのほとんどの研究が低関与状況に終始していたものを高関与状況にも注目を与え、感情概念は基本的に認知モデルである情報処理モデルに多様性を与えるものとなった。

消費者情報処理プロセスは、H・アサエルの論文に代表されるように、「誰が」ではなく、「どのような誰がどのような状況」によって異なるのかと考えている。つまり、消費者の情報処理プロセスは、消費者の製品サービスに対する関与度の違いによって異なるということである。たとえば、特定製品サービスに対して高関与な状況にある消費者は、低関与の状況にある消費者と比べて情報処理行動が綿密であるといったことである。このことは、マーケティング戦略との対応についてすでに和田（一九八四）によって指摘されている。ここでは、消費者の情報処理行動の違いは、「誰が」ではなく、「誰のどのような状況」の違いに関連するかということが指摘されている。

ここでわれわれの消費者行動研究における分析視点を整理してみると、マーケティング戦略の立案に有効な消費者行動分析の視点は、「誰が、どのような状況でどのような行動プロセスを経て」購買に至るのかという流れを分析するということになる。

これまで、関与概念を中心とする研究は、主に食品や日用品を対象としたこともあって、ほとんどが低関与消費者を前提としたものであった。しかし、ここで関与概念とライフスタイル概念を結びつけた場合、消費者のライフスタイルを形成するものは、ほとんどが「生活の豊かさ」を形成するものであり、分析の対象は自ずから高関与状況ということになる。今やわが国の消費者にとっては、食にしても衣にしても高関与消費が中心になってきているし、ましてやサービス財の消費については ほとんどが高関与状況といっていいだろう。したがって、本書ではこれらの高関与状況についての分析に力点を置きたいと思っている。そして、その具体的な実例はアート消費である。アート消費は明らかに高関与消費状況であり、宝塚歌劇の消費はその典型だろう。

一般に、関与度の高低を測る指標としては、購買数や購買頻度を挙げることができるだろう。しかし、洗濯用洗剤を年に一〇回購入することと宝塚歌劇を年一〇回観劇することとはまったく意味が違う。前者は、いかに購買頻度が高く年間購買量が多くとも高関与消費とはいわないだろう。したがって、購買頻度や購買量のみによって製品やサービスの関与度を測定することは難しい。ここで、宝塚歌劇ファンの実態をみてみると、年に一〇回観劇する人は、五組各組の公演を一回ずつ観劇するとしても、それは平均的なファン層であり、超高関与消費者というほどでもない。われわれが注目したいのは、本当に宝塚歌劇ファンとはどんな人々でどんな行動をとっているのかということである。宝塚歌劇のファン層に限っていえば、年に少なくとも一〇回以上観劇する人たちを「超高関与消費者」と名づけたのである。おそらく、彼らは観劇以外にもさまざまなファン行動をとっていると想像される。

このような状態は、宝塚歌劇ファンのみならず、ＢＭＷや日産スカイラインを永年にわたって購入し続ける人やハーレーダビッドソン・クラブの会員となって愛車を毎日乗り続ける人々など、かなり多方面にわたって多数みられる現象である。したがって、われわれは宝塚歌劇の超高関与消費者群像を分析しつつ、多くの製品サービス分野にこの分析視点を敷衍したいと考えている。

3 需要の拡大・消費の絆

マーケティング戦略と需要拡大

これまで、消費者行動研究の流れのなかでのわれわれの立場について論じてきた。本節では改めてマーケティング戦略の展開という立場で考えてみたい。いうまでもなく、マーケティング戦略展開の目的は需要創造・開発であり、需要拡大である。超高関与消費者と同様の意味をもつと思われる先端消費者については、これらの消費者が製品サービスとの関わりが深いがゆえに、需要創造・開発に大きく貢献するであろうと考えられているが、需要創造や開発についての消費者の関わりを分析することは難しい。もちろん、需要創造や開発についても消費者が関わりをもつべきとする関係性マーケティングの議論を忘れてはならないことも確かである。しかし、本書では、関係性マーケティングの枠組を意識しつつも、需要拡大と超高関与消費者との関係に注目し、とくに消費者の関係性形成行動によって需要がどのように拡大しうるのか、という視点から議論を進めたいと思っている。

新製品の開発・発売から需要が市場で拡大していくプロセスについての典型的な理論は、普及プロセス理論である。この理論では、消費者を普及プロセスのなかで、イノベータ、初期採用者、前期マジョリティ、後期マジョリティと分類し、需要普及の最大のエンジンはイノベータではなく、オピニオン・リーダーとしての初期採用者にあるとしている。つまり、イノベータは自らが需要開拓者であるがゆえに、需要普及活動は積極的に行わず、開拓者としてのアイデンティティ維持に邁進するとしている。したがって、この理論では需要拡大の最大の推進役はオピニオン・リーダーたる初期採用者なのである。この点についてのわれわれの主張はまったく違うものである。すなわち、超高関与消費者群が群像としてのユーザー・イメージを作りあげ、イメージ誘導と同時に需要拡大のエンジンとなる行動を起こしていると考えているのである。同様のことは、成熟市場における「ニッチ消費者」についても当てはまるのではないだろうか。

Ｐ・コトラーなどによって主張された成熟市場における競争対抗戦略の枠組では、市場がもはや成熟飽和し市場枠組が拡大しないという前提に立って、企業をリーダー、チャレンジャー、フォロワー、ニッチャーと分類し、企業は競争対抗的に戦略を選択すべしとしている。ここでリーダーに対して競争対抗するのはチャレンジャーのみであり、差別化を基本戦略として選択する。フォロワーやニッチャーはリーダーに対しては競争回避の戦略を指向する。フォロワーの基本戦略は摸倣化であり、ニッチャーの基本戦略は、市場集中化囲い込みである。つまり、リーダー企業は市場が熟成しているという判断のもとに、新たな需要拡大戦略を選択するというよりは、下位企業との同質化を図ったり差別化によって市場シェアを維持するということになる。チャレンジャー企業はリーダーとの市場ポジションが近いがゆえに差別化戦略を選択し、市場シェアの奪取を図ろうとするのである。つまり、リーダー、チャレンジャー、フォロワーにしても現在の市場規模を拡大し新たな顧客を創造するという発想は、まったくもって考えていないのである。

ニッチャー企業は、市場全体の拡大という発想はまったくもっておらず、ひたすら少市場シェアを確保し利益を安定化させるという戦略にこだわっている。事実、ＢＭＷドイツ本社の社長は自らを「ミスター・ニッチ」と称してこの戦略にこだわっている。もっとも、日本ＢＭＷ（ＢＭＷ株式会社）の目標が市場シェアのニッチ化（シェア二％程度）であるとしても、わが国国内乗用自動車総販売台数三〇〇万台に対して六万台を確保できるわけであり、ＢＭＷ車の販売平均価格（本社出荷額）三〇〇万円と考えれば、同社の年間売上高は一〇〇〇億円を超すこととなる。となれば、企業経営の視点からいえば、いかなる市場にあろうとも、企業は市場のさらなる拡大を指向せず、ひたすら製品サービスのシェア維持安定化によって利益を確保することができるということになる。ここにもわれわれの疑問点がある。本当に、企業は利益指向に走り、需要拡大というマーケティングの目的を放棄してしまうのか。ニッチ戦略企業の基本スタンスは、消費者の囲い込みである。企業は自らの戦略のために消費者を囲い込んでいいのだろうか。これがわれわれの主張の一つである。

市場が成熟しているという前提に立って、わが国の多くの企業が差別化戦略を採用し、需要のさらなる拡大に目を向けず、市場シェアの奪取に邁進しているというのが今日の姿であろう。しかし、わが国のほとんどの市場は成熟してしまったのだろうか。もはや、企業にとっては市場シェアの奪取しか売上をあげることはできないのだろうか。もちろん、わが国の場合、家電製品の多くは普及率九〇％以上であり、日用雑貨品や食品についてはもはやこれ以上の市場拡大は想定できないのかもしれない。

超高関与消費者への注目

ここで製品ではなく、サービスやアートの世界に目を向けてみよう。東京ディズニーランドは、二〇一三年にディズニーシーを含めて三〇〇〇万人の観客動員を果たした。東京ディズニーリゾートの観客はレピート客が多いといわれているが、果たしてそれだけのことでこの数字を達成することができたのだろうか。ユニバーサル・スタジオ・ジャパン（ＵＳＪ）も同年一〇〇〇万人の観客動員を達成した。これらの企業はさらなる観客動員数の拡大を目指して投資を続けている。需要が拡大するということは、何かをあきらめて当該サービスを選択するということではなく、単純に消費者が進んで当該サービスを需要するということである。

今日、わが国のレジャーランドの市場では、ディズニーリゾートとＵＳＪが圧倒的なビッグ２であるから、他の多くのレジャーランドの観客を奪って両者が拡大したという見方もあるだろう。しかし、両社の圧倒的な観客動員数は、このような見方を超えてあまりにも多大であり、レジャーランド市場そのものが拡大したと考えるほうが妥当であろう。

企業はあきらめてはいけない。とくにサービスやアートの分野での市場は、まだまだ拡大の余地が残されているのである。また、需要がすでに成熟していると考えられているわが国のビール市場にしても、ラガー・ビールから発泡酒ビールへ、そしてノンアルコール・ビールへの展開は、ビール製品の製品置換が起こったことも明らかであるが、ノンアルコール・ビールは明らかに従来のアルコール拒否層を大きく掘り起こし、わが国のビール関連市場は拡大している。したがって、需要拡大の努力はまだまだ必要であり、われわれは新規需要者拡大のエンジンとして、従来、否定的に捉えられてきた「超高関与消費者」に注目しているのである。

需要拡大のキーワードは新規需要者（非需要者）の拡大であり、その基本枠組として、「顧客間の関係性強化」「絆強化」を挙げたい。ここでもう一度、消費者需要拡大のヒントとなる製品普及理論と競争対抗戦略のニッチ戦略について考えてみたい。そして、前者で述べられるイノベータ、後者で強調されるニッチ消費者の存在と需要拡大とがどのように結びつくのかを考えてみたい。これら両者はわれわれの考えている超高関与消費者の概念に近いし、本書で主張するのは「これらの消費者群が新規需要拡大のエンジンとなる」という、従来の議論へのアンチテーゼである。

イノベータは革新者であり、新規需要の開拓者という立場に誇りをもつがゆえに新製品の積極的な普及行動はとらないとされている。なぜならば、仮にイノベータが新製品の普及活動を推進すればするほど、自らのイノベータとしての存在を稀薄化してしまうと考えられるからである。果たしてそうだろうか。むしろ新製品が普及すればするほど、イノベータの存在価値は高まるのではないだろうか。ニッチ消費者は、自らがニッチャーであることを強調することによって自らのライフスタイル・イメージ、ひいてはブランド・イメージを高め、他者とのライフスタイルの違いを強調したいと思うであろう。

ここでＢＭＷのわが国におけるマーケティング戦略の特徴について振り返ってみよう。ＢＭＷのわが国への導入戦略の特徴は、ブランド・イメージの向上、ブランド・ユーザーのライフスタイル・イメージの強調である。このことを達成するためにＢＭＷジャパンは、トヨタを超える一台当たりの広告をマスメディア広告に投入したのである。同社のブランド・イメージ向上やユーザーのライフスタイル・イメージ向上のための多大なマスメディア広告への投資は、多くの人々の共感を呼び、この「この指とまれ」の戦略はプロダクト・ブランドの共感者を誘うとともに、大衆のなかにＢＭＷイメージを定着させていった。

ＢＭＷジャパンは一方で、１９０型の比較的低価格のモデルの販売に注力し、低金利五年間ローンという施策を展開した。これは、従来のわが国の輸入車に対する高価格現金払いというイメージを振り払い、若者ヤッピーという新たなる顧客層への対応に注力したのである。このようなＢＭＷジャパンの二元的な戦略展開は、若者ヤッピー層という新たなる需要を開拓したといってもいいだろう。問題は、このように形成されたＢＭＷ顧客層がニッチ消費者として受け入れられ、ニッチ的市場シェアに留まって、市場拡大能力を放棄してしまったのだろうかということである。もちろん、ＢＭＷ車を含めた輸入車のわが国における市場シェアは二〇％にも満たないものだろう。だが、東京・大阪・名古屋あるいは政令指定都市においてはこの市場シェアははるかに高いものとなっている。このことは、ニッチ消費者の強化囲い込みは現実感を失い、ＢＭＷジャパンが強調するブランド・ライフスタイル・イメージが形成され、わが国消費者のライフスタイル高度化の一翼を担い、需要の拡大が続いているということになるのではないだろうか。

先に述べたような、イノベータやニッチ消費者の囲い込み的な発想を強調すれば、彼らによる需要の拡大は望むべくもなく、成熟市場を前提とした彼らの需要拡大推進エンジンとしての役割は消滅してしまうということになる。本書では、マーケティング戦略展開の目的はあくまでも「需要拡大」であり、このことについて、超高関与消費者あるいはイノベータやニッチ消費者の役割を追究したいと考えている。

4　問題提起

ここで改めて、本書の問題提起をしたい。とくに消費者行動研究の変遷とマーケティング戦略の対応について考えてみたい。

消費者行動研究の変遷

消費者行動研究の祖ともいえる経済学者G・C・カトーナは、その基本スタンスとして、従来、経済学者が唱える「合理的な経済人としての消費者」という発想を打ち破ることによって、消費者行動研究に新たな視点を投げかけたといっても過言ではないだろう。今日の経済学では、この考え方は行動経済学に反映されている。しかし、カトーナの唱える合理的経済人ではない消費者はその後、心理学者によって「パーソナリティ特性」をもつ消費者という偏った考え方によって説明されてしまう。しかし、消費者の行動特性をパーソナリティ概念で切ることは、パーソナリティ特性が帰属（ascribed）特性であるがゆえに、人口動態特性の一部と同様に分析の限界を露呈してしまうのである。

消費者は「一人」ではない。世の中にはさまざまな人がいて、さまざまな消費行動を行っているという現実認識は正しい。たしかに人口動態特性は一部を（ascribed の部分）を除いて達成（achieved）特性であり、たとえば、学歴や職業に基づいた社会階層特性はかつてマーケティング戦略への対応力として効果的であった。アメリカの主要自動車メーカーが採用した、社会階層対応の製品ラインアップはそれなりの有効性を得ていた。キャデラックを購入する人。ピントを購入する人。これらの人々は学歴や職業そしてそれに伴う所得において階層的であり、アメリカの大手自動車メーカーのこのような対応は現実味をもっていた。日本ではトヨタがアメリカの自動車メーカーの社会階層対応ラインアップに従って、カローラ、コロナ、クラウンという製品ラインを展開して成功した。しかし、トヨタ車のラインアップは、現実には社会階層対応ではなく、ライフステージ対応であった。トヨタが主張した「いつかはクラウン」などというコピーはまったく現実を理解していない対応といわざるをえなかったのである。

しかし、アメリカにあっても日本にあっても消費者は成長し成熟した。もはや彼らは社会階層や所得などによって自らの消費行動を規定することはなくなった。たとえば、日産のスカイライン車を購入し続ける消費者はどう理解したらいいのだろうか。つまり、消費者の現実的な消費行動に対応する分析視点は、パーソナリティ特性でも人口動態特性でもない、「ライフスタイル特性」なのである。そして、ライフスタイル特性は、生活価値観や生活行動体系に基づいた特性であるから、消費者自身が生活のなかで創り上げる達成特性なのである。

消費者特性を一元的に捉えた情報処理アプローチはその限界を露呈し、その後、認知的側面から感情的側面へと発展させてきた。とくに個の多様性という観点から関与概念を導入し、個の製品に対する関与度の違いが情報処理の違いを生み出すという説は説得力をもっていた。ここで関与概念とライフスタイル概念はきわめて近い位置にあり、ライフスタイルが個人の製品に対する関与度を規定するといってもいいだろう。いうなれば、ライフスタイル概念は関与概念を包摂するといっても過言ではない。

超高関与消費者へのマーケティング対応

消費者像の以上のような変化に対して、これまでマーケティング戦略はどのように対応してきたのだろうか。一九六〇年代以降のわが国の高度経済成長期にあっては、消費者は「一人」であった。つまり、需要は大衆という名の下に一元的であった。今日でも生き残っている大手ナショナル・ブランド・メーカーの対応は、消費者を大衆という一塊(かたま)りに捉えることによって成長を果たしてきた。札幌の消費者の洗濯用洗剤に対するニーズは、福岡の消費者のそれと同じである。マヨネーズの需要は、老若男女を問わず同様である。これらのことがナショナル・ブランドの成長拡大を支えてきたといってもいいだろう。

ところが、高度経済成長期を経てわが国の消費者は、生活価値や生活行動において多様性を生み出してきた。たとえば、わが国の国土は南北にたて長であるがゆえに気候に大きな違いがある。東京と福岡ではおよそ六〇分もの時差が存在する。気温差や日照時間の差もしかりである。となれば、まず第一にわが国の消費者のニーズは地域によって異なる。とくに日照時間や温度などの気候の違いは、消費者の味覚の違いを生み出す。このことにいち早く気づいたのが、紀文である。同社はおでんのネタを製造販売する企業であるが、単純に関東と関西ではおでんのネタの好みが違う。関東で好まれるハンペンは関西では売れない。さらに味つけにしても関東と関西ではその濃さが異なる。紀文はこのような消費者需要の違いに対応して、関東工場と関西工場での製品ラインや味つけを異なったものとしている。

消費者需要の違いは、以上のような地域差によるもの以外に年代についても顕著である。幼児や子どもの需要が異なることは当然としても、たとえば、アパレル衣料についての年代差は明らかである。若者はなぜ百貨店にアパレルを買いに行かないのだろうか。もちろん、そこには若者の求める品揃えがないからである。わが国の百貨店のなかで、若者のアパレル需要に対応しているものは皆無といってもいいだろう。わずかに梅田阪急が対応力をもっているかもしれない。もはやわが国の百貨店の多くは、「中高年富裕層」対応の小売業となっているのかもしれない。

もちろん、洗剤や歯磨きのような日用雑貨品、いわゆる生活基盤形成部分の商品分野については、地域や年代を超えてニーズは普遍的だろう。しかし、消費者需要が高度化し成熟化することによって彼らの需要の中心は、生活の豊かさ演出部分に移行している。食品などについても、腹を満たすものから食を楽しむものというようにニーズが変化し、食文化という概念さえ注目されてきている。

わが国ではバブル経済以降、大衆が崩壊し、全国的で一元的な需要が喪失しているのが現実である。需要構造のこのような変化に対する企業の対応は、製品品質の向上や差別化である。花王やライオン、味の素やキッコーマンの今日の製品ラインアップをみれば明らかである。さらに、企業のマーケティング戦略対応の柱は、市場細分化戦略である。そしてその細分化軸の中心は、年代であり地域であった。しかし、難しいことに消費者の需要変化は、これらの地域や年代を超えたライフスタイル文化であり、さらなる細分化対応戦略が必要となったのである。かつてのマス・マーケティングは、一部の生活基盤形成部分における製品群を除けば、明らかに市場細分化戦略に移行せざるをえない。と同時に、市場細分化戦略の対象となる消費者群に対しても、さらなる消費者群像に対する分析が必要となるわけである。

企業の戦略対応は、マスから細分市場へ、高度成熟需要対応へと移行してきたことは明らかである。ここで問題となるのは、高度成熟需要にどう対応するか。細分市場をどう捉えるのか、細分対応はそれで終わるのか、あるいは細分対応を軸として細分市場のさらなる拡大を図ることができるのか、ということである。

企業の高度成熟需要への対応は、自動車業界で著しい。たとえば、乗用自動車市場は二分化しており、軽自動車と高級車という対応のなかで、輸入車の拡大に対応してトヨタはレクサスを販売し、一応の成功を収めている。さらに、軽自動車に至ってもその機能向上は著しい。トヨタは、今後もレクサスに加えてかつての高級車のクラウンの発売に注力しているし、日産もしかりである。つまり、消費者需要が本質部分と高品質部分に分化しながらそれぞれの需要を支えているのが現実だろう。食品業界についても同様のことがみられる。先に示したように、食品にあってはインスタント・ラーメンでさえ高品質化しており、カップヌードルから箱麺まで多様である。アパレル業界に至っては、グッチやジョルジオ・アルマーニからファスト・ファッション、たとえば、ユニクロやH＆Mに至るまで多様に展開している。

いずれの業界においても、たとえそれらが生活基盤形成部分に属する商品群であっても、製品の品質向上に伴って、製品ラインアップの上位に移行するにつれて、生活の豊かさ演出部分への訴求へと移行している。したがって、すべての製品領域にあって、その品質上位部分は生活の豊かさ形成部分に参入している。これは本来的に生活の豊かさ形成部分に属する製品サービス分野では当然の姿であり、消費者の生活が豊かさ形成部分に移行すればするほど、関与概念やライフスタイル概念が必要となってくるのである。ジョルジオ・アルマーニの販売方針はライフスタイル訴求であり、グッチ、クリスチャン・ディオールしかりである。ましてや、生活演出部分に強く結びつくアートの世界についてはいうまでもない。

宝塚歌劇ファンを取り上げた理由

本書で、生活の豊かさ演出部分としてのアートの代表例として宝塚歌劇ファンを取り上げたのには理由がある。現実に、宝塚歌劇や劇団四季の年間観客動員数はそれぞれ二〇〇万人とも三〇〇万人ともいわれている。これは今日のわが国のステージ・アートの観客動員数に対して四割程度のものだろう。もちろん、ステージ・アートの市場規模がさらに増加すると考えても、宝塚歌劇と四季の動員数のポテンシャルは大きいだろう。自らニッチと称するＢＭＷやハーレーダビッドソンの市場規模を考えれば、はるかに大きなものである。ましてやＢＭＷやハーレーにはさらなる市場拡大の意思はないだろうし、商品単価を考えれば、ＢＭＷジャパンの年間一一万台という規模は企業の収益を考えれば十分なのである。しかし、宝塚歌劇や劇団四季には、わが国の消費者にアートのライフスタイルを注入し普及させるという社会的な使命がある。

浅利慶太は、劇団四季の立ち上げにあたって、かつて新劇と称した演劇集団に決別のメッセージを送った。なぜならば、彼らの第一の顧客は自分自身という発想をみたからである。浅利はこのことに不満を感じ、観客あっての舞台という発想を押し出した。まさに、マーケティング思考である。浅利はさらに、アートの東京集中を憂い、全国津々浦々の人々がアートに触れることによって生活の豊かさを味わってほしいと願った。事実、劇団四季は札幌から福岡まで専用劇場をもち、その他地域では公会堂に入れ込みのシステムを作り上げた。浅利の貢献は、ニッセイこどもミュージカル劇場をはじめとして老若男女が観劇できる演目の開発、広島でも静岡でもミュージカルが観劇できる環境をつくったことにある。

小林一三のすばらしさ

周知のように、小林一三（いちぞう）は現在の阪急電鉄の創始者である。人口の密集した地域は阪神電車に先を越され、人口の少ない所に路線を敷かざるをえなかった現在の阪急電鉄の基本路線は、梅田から宝塚に至る路線である。このことが小林一三には幸いした。まさに、需要を創造しなければ電鉄は成り立たないという事実である。箕面（みのお）路線の動物園による顧客誘導は失敗したが、宝塚温泉への顧客誘導策こそが今日の阪急グループの成功へと結びついたのである。

小林一三の顧客創造の政策はすばらしい。彼が描いた一大生活圏創造計画は、その後、東急、西武、東武へと受け継がれている。まさに小林一三の頭のなかにあったのは、消費者の生活行動体系への対応であった。小林一三は、人のいない阪神間山の手地域にあって、まず、宝塚温泉を顧客誘導の中心として博覧会なども開いた。その余興として行われたのが宝塚少女歌劇である。人がいなければ人を呼ぶ、これが小売サービス業の原点である。東急、西武がスーパーマーケットの立地として沿線を中心としたのに対して、当時のジャスコやダイエーは人のいないところに人を呼ぶという発想だった。小林一三の考え方の原点はまさにここにあり、さらに、小林一三は阪急沿線の宅地造成を行った。大阪中心地から電車でわずか三〇分たらずのところに新興住宅群を造成し、若者需要を創造する。まさに、地域をつくり人をつくる、そのためには生活の豊かさを形成する温泉やアートをつくる。このことである。

宝塚歌劇創業のなかで、小林一三の発想で忘れてならないのは、歌劇は国民劇であるという発想である。事実、宝塚歌劇の入場料は永く大衆に受け入れやすい価格に抑えられていた。このことは、今日の劇団四季でも受け継がれており、劇団四季の観劇券は一万円を超えることはない。宝塚歌劇にしても劇団四季にしても、小林一三や浅利慶太の発想の原点は「すべての人に」なのである。

ＢＭＷのユーザー・コンセプトづくりの広告が、多くのライフスタイル発想者の共感を呼ぶ。ハーレーダビッドソンのユーザーの行動が、中高年を中心として人生の楽しさを運んでくれる。となれば、市場細分化戦略は決して囲い込み戦略ではなく、製品サービスのユーザー・イメージを強調することによって、高度化・成熟化したわが国の消費者の共感を呼ぶことにつながるのではないだろうか。

5　マーケティングの目的はあくまで需要拡大

マーケティング戦略の最終的な目的

マーケティング戦略がどんなに高度化・高品質化を指向し、市場細分化を図ろうとも、その最終的な目的は市場創造であり、需要拡大なのである。そして、これらの行為の主役を担うのが超高関与消費者である。さらに、これら超高関与消費者概念は、ライフスタイル概念と密接に結びついている。なぜならば、超高関与消費者は製品サービスと強く結びつくことによって独自のライフスタイルを形成しているからである。問題は、超高関与消費者群が、需要創造には貢献しつつも、需要拡大の強力なエンジンとなりうるのかということである。

これまで、超高関与消費者群あるいはイノベータ、ニッチ消費者は需要拡大には貢献しようとしないとされてきた。それでは果たして需要拡大のエンジンの役割は誰が果たすのだろうか。企業のマーケティング戦略なのだろうか。高度経済成長期には、需要の拡大は、広告とか流通チャネルや価格力、いわゆるマーケティング戦略量を増やすことによって達成することができた。つまり、企業の側の消費者に対する強力なプッシュやプルによっていとも簡単に需要は拡大できた。しかし、今日のわが国の多くの市場は需要が成熟したのではなく、消費者が高度化し成熟した市場となったのである。もはや企業の側の一方的な戦略の量の放出には消費者は見向きもしない。となれば、需要の創造や拡大は消費者に頼らざるをえないだろう。

関係性マーケティングの枠組が議論されてから、もはや二〇年が過ぎている。関係性マーケティングの枠組は、当初、企業と消費者との関係性、いわゆるＢtoＣの関係性を強調したマーケティング戦略であったが、これはさらに追求されるべきであろう。しかし、今日の消費者が成熟している市場では、需要の創造にしても拡大にしても、ＣtoＣの関係性、つまり消費者の力によって新たな需要を開発し、新たな消費者を捕捉していくという行為が最も重要なのである。そして、その推進役が超高関与消費者群である。

CtoCの関係性による需要拡大

本書の以上のような問題提起への解答を探るべく、われわれは宝塚歌劇ファンの分析を試みた。度重なる宝塚ファンとの直接インタビューやアンケート調査によって、これらの人々の宝塚歌劇の観劇行動のなかから彼ら彼女らのライフスタイルを抽出し、そこに発見できたのが、「超高関与消費者群像」である。これらの人々が間接的・直接的に新たな需要者を生み出している、CtoCの関係性こそが需要拡大のキーとなる。このことにわれわれは感動を覚えた。そこで、CtoCの関係性の拡大に企業がいかに貢献しうるかを考えた。そうして、宝塚歌劇の超高関与消費者群こそが需要拡大の最大のエンジンであるという確信を得たのである。

本書では、製品サービス消費に加えて、「パーソン消費」、「コミュニティ消費」という概念を抽出している。そして、これらの概念は宝塚歌劇の消費にとどまらず、さまざまなアート消費、さらには小売業、旅行代理店、保険代理店など、多くのサービス業における戦略展開に有用であるとの確信を得たのである。以下、本書では消費者行動研究における超高関与消費者の定義、位置づけ、行動分析を行ったうえで、宝塚歌劇団の歴史やシステム、宝塚歌劇ファン層のライフスタイル的な分析を経て、宝塚歌劇消費の実態とそれに対する戦略対応を明らかにし、最終的に、CtoC関係性を基本とした新たなマーケティング戦略の展開を模索する。

消費者群あるいは群像としての消費者

需要拡大という視点に立って改めて消費者をみてみると、市場細分としての消費者と同時に、超高関与消費者が群像として浮かび上がってくる。今日、わが国の多くの消費者は成熟化・高度化しており、人口動態的な特性に関わりなくライフスタイルを形成し、自らのアイデンティティをさまざまな行動を通してつくりたいと考えている。したがって、成熟社会における消費者は、単なる市場細分ではなく、自らの自己概念とライフスタイルをつくろうとする消費者であり、群をなす消費者と考えたほうがいいだろう。

明らかに、わが国のように消費者が生活の面において成熟した社会では、消費者は自らのライフスタイルを形成し、それが群となり、そして群像ができあがるということである。本書でとくに強調したいのはこのことであり、単に、成熟市場だから市場細分化対応だと捉えるのではなく、消費者が自らのライフスタイルを形成し、それが群を成し群像となることによって他者に影響を与え、さらなる需要拡大につながるという構図を考えたいのである。この点を解明すべく、本書では、かなり徹底的に宝塚歌劇ファンの分析を行ったつもりであり、それが新たなマーケティング戦略の展開にどのように貢献しうるかを考えてみたい。

最後に強調しておくが、超高関与消費者がさまざまな製品サービス分野で形成され、そのことが需要のさらなる拡大に結びつくという構図は、これまでの研究では語られなかったテーゼである。それゆえに、本書では実証分析を通じてそのことをあえて語ってみたい。

第2章

超高関与消費者群像の位置づけ

✻ 消費者行動研究における捉え方

❁ はじめに

本章ではこの本のテーマである「超高関与」とはどのような概念であるのかを説明するため、初めにこれまでの消費者行動研究における「関与」という概念を説明する。そのうえで宝塚歌劇の鑑賞はレジャー行動の一つとして位置づけられることから、とくにレジャーを対象とした研究（以下、レジャー研究）における関与概念についての先行研究と、超高関与に関連すると思われる消費者像を対象とした先行研究のレビューを行う。これらの作業を通じて、関与という概念に初めて接する方々に関与概念を簡単に紹介し、同時に超高関与化へとつながる関与の生成・強化プロセスの考察を行う。そして、超高関与という状態の消費者を対象とした先行研究をレビューする。

以上の検討より、超高関与消費者の捉え方とその研究の意義を示し、第3章で宝塚歌劇団の歴史とシステムを概観したうえで、第4章以降で行われる調査・分析の大まかな方向性を示す。

1 関与とは何か

関与（involvement）は消費者行動研究では重要な概念として位置づけられ、多くの研究がなされてきた。最も広く受け入れられている定義の一つとしては、青木（一九八九）の「対象や状況（ないし課題）といった諸要因によって活性化された消費者個人内の目標志向的な状態であり、消費者個人の価値体系の支配を受け、当該対象や状況（ないし課題）にかかわる情報処理や意思決定の水準及びその内容を規定する状態変数」（一二五頁）が挙げられる。消費者行動研究に関連する研究者や学生の方々にとっては理解できる内容であるかもしれないが、実務家の方々にとっては理解することが少々難しいと思われる。これは当然で、関与概念が重要な概念である一方、非常に多様な解釈や定義がなされてきたことに起因している。青木（一九八九）の定義はその多様性を包括した広く緻密な定義を試みたため、学術的には優れてはいるが、初学者にとってはやや難しい定義となっている。

　したがって、ここではやや便宜的ではあるが、消費者行動研究の入門書である青木（二〇一〇）の関与の定義を参考に、関与とは「ある製品（ないしサービス）カテゴリーもしくは特定ブランドに対する、感情的ないし心理的な結びつきによって生じる、思い入れやこだわり」としたい。たとえば、「芸術に対して高関与である」あるいは「芸術に対して低関与である」とか、「宝塚歌劇団に対して関与度が高い」あるいは「宝塚歌劇団に対して関与度が低い」といった形で関与概念は使用され、関与する度合い（これを関与度という）とともに使われることがある。[1] 関与度が高いときは、思い入れやこだわりが強くなり、低ければこだわりは弱くなる。「芸術に対して関与度が高い」のであるならば「芸術に対してこだわりや関心が強い」のであり、「宝塚歌劇団に対して関与度が低い」のであれば、「宝塚歌劇団に対してこだわりや関心が弱い」ことになる。非常に簡単に関与を説明すると以上のようになるが、本書で扱う現象は「超高関与」消費者であり、「高関与」消費者ではない。

元来、関与とは製品や事象に対して「巻き込まれた」（involved）状態であり（青木、二〇一〇）、超高関与とはまさしくその状態を指す。製品やブランドに対する強いこだわりや関心をもつだけではなく、実際にその製品やブランドが生活のなかで大きな位置を占めている消費者がわれわれの注目する超高関与消費者である。単なる強いこだわりや関心を表す高関与状態の消費者ではなく、対象に巻き込まれていない人からみれば、通常では考えられないような消費生活を送っている人々が超高関与消費者であると本書では考える。たとえば、ラグジュアリー・ファッションに超高関与な消費者は、周りからとがめられようが、何があろうがラグジュアリー・ブランドに所得や時間を投入し続ける（Chung et al., 2008）。本書で取り上げる宝塚歌劇であれば、同じ公演を鑑賞するために東京や宝塚の劇場だけではなく、全国各地の地方公演を巡って何度も鑑賞しに行き、家一軒分の費用を宝塚歌劇の鑑賞に費やしたりしている[2]。これらの消費行動は、対象に巻き込まれてない多くの人にとっては、考えられなく理解しがたいような消費行動である。

　このように、本書では超高関与消費者とは通常では考えられないほどある対象について「ハマっている」ような状態の消費者を指す。では超高関与とは異常な人にしか生じないものであるのかというと、そうでもないと思われる。人は誰でも一度は何かにハマったことがあるはずである。その状態はまれではあると思われるが、部活動であれ趣味であれ、何らかの対象に超高関与となったことがある人は多いのではなかろうか。超高関与は通常とは異なる状態であり希少な状態ではあるが、多くの消費者にとって生じうる現象であるとわれわれは考える。

図 2-1　消費者行動の集計水準

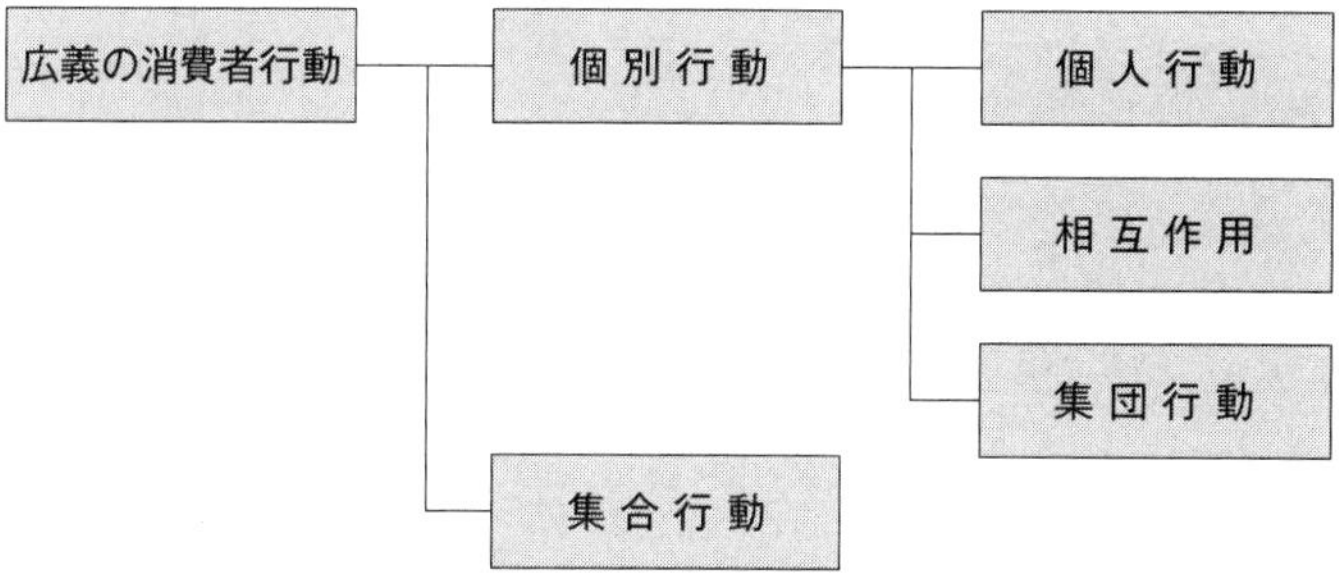

出所：青木（2012）28 頁。

したがって、以下では消費者行動論における関与概念について、学術的な展開をみていくことになる。しかしその前に、関与の他に今一つ言及しておかなければならないのは「群像」という単語である。青木（二〇一二）によると消費者行動研究においては、「集計水準の問題」（二八頁）というものがある。これは消費者をまとめて（集計して）検討を加えるかどうかを示している。消費者行動研究では大きく分けて、個々人の個別の消費行動を対象とする「個別行動」に関する研究と、個別行動が集積された集合をみる「集合行動」に関する研究が存在する（図2-1参照）。とくに消費者行動研究では、第1章で指摘しているように、たとえば消費者個人がどのように製品を選択するかといった、個別行動に関する研究が中心となっている。一方で、集合行動に関する研究は、新製品の普及はどのような人々からどのような人々へ進むかといった普及理論に関する研究などがこれに当たる。

本書では超高関与消費者という集合を起点とした「顧客間の関係性強化」を検討するため、超高関与消費者という顧客集合について検討を行う。したがって、本書は集合行動に関するものと位置づけられ、その対象は超高関与消費者の集合、すなわち、超高関与消費者群となる。以上のように、本書において群像とは、消費行動に基づき分類された消費者集合の実像を意味している。

さて、次節では消費者行動論のこれまでの展開とともに、もう少し学術的に関与概念をみていこう。

2 関与概念の捉え方

消費者情報処理のプロセス

関与概念が消費者行動研究において広く支持されたのが、一九七〇年代に始まった情報処理理論である。ここでの情報とはマーケティングや消費に関する情報を指している。情報処理理論では、消費者が購買意思決定を行う内的プロセスを情報処理システムとして捉え、消費者を分析的に理解しようとする研究アプローチである。その特徴は①消費者にはすべての情報ではなく処理できるマーケティング関連情報のみを処理することを仮定している点、②消費者は自らの目標を設定し、その目標を達成するために製品関連情報などの情報を探索し意味づけする存在であると捉えている点にある（たとえば清水、一九九九）。マーケティング論の専門外の方々にはややなじみのない内容であると思われるので、消費者情報処理について若干の説明をしておこう。

図 2-2　情報処理プロセスとその要因

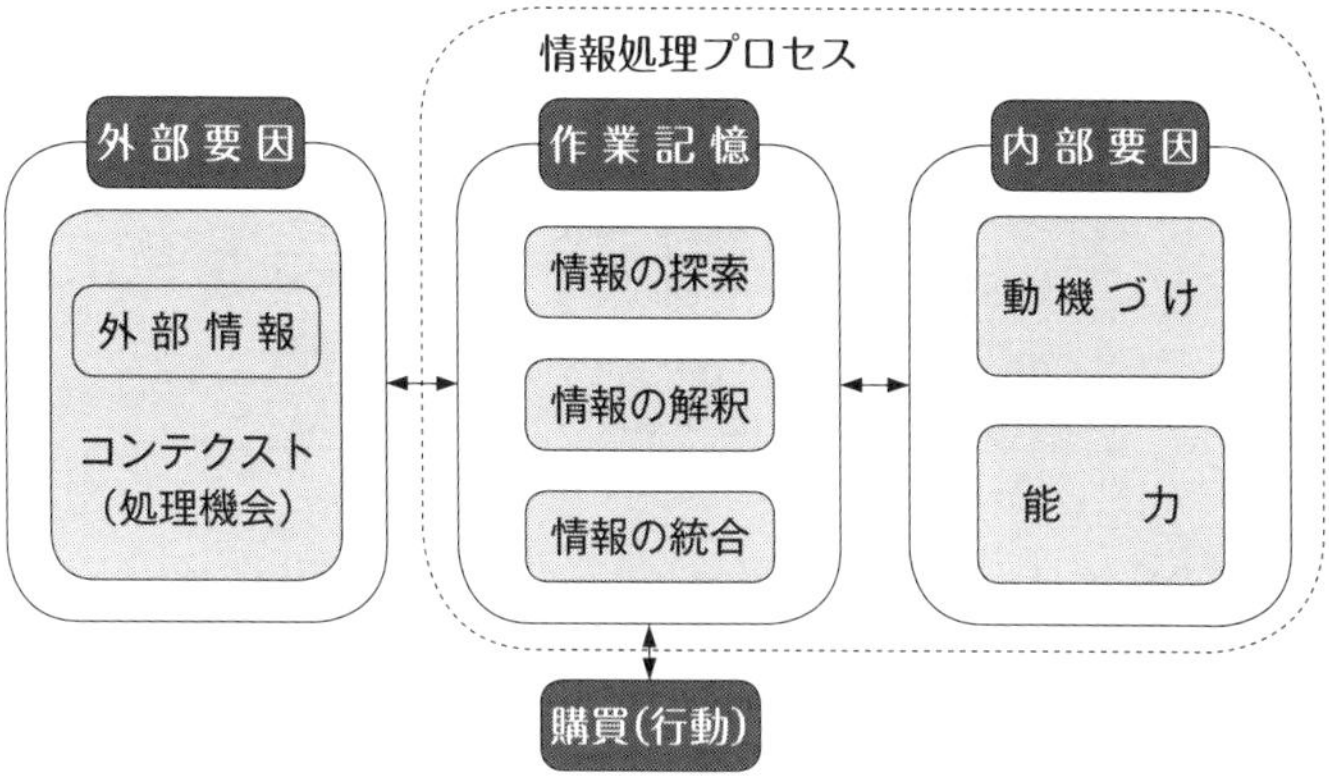

出所：新倉（2012a）149 頁。

図２-２は新倉（二〇一二ａ）の提示した消費者情報処理の分析モデルである。破線内は消費者の頭の中での作用を示しており、この部分が情報処理プロセスである。いわゆる情報処理の主な内容は、図２-２の「作業記憶」において表示されている「情報の探索」、「情報の解釈」、「情報の統合」である。情報の探索とは、外部要因の外部情報である製品やサービスに関連する情報を集めたり受け取ったりすることである。情報の解釈とは情報探索で得られた情報に意味づけをするプロセスである。たとえば、自動車ならば、燃費という情報をみて燃費がいいと意味づけしたり、価格という情報をみてお値打ちであると意味づけしたりするプロセスがこれに当たる。情報の統合とは、その製品・サービスの総合的な評価（態度）などを形成することである。その結果、たとえば「この商品は好きだ」という評価が下され「買いたい」という購買意図が形成されれば、「購買」に至ることになる。

表 2-1 関与水準による情報処理の違い

情報処理	高関与	低関与
処理水準	深層	表層
情報探索	量の増大 範囲の増大	量の減少 範囲の減少
態度形成	中心的情報	周辺的情報
知識形成	包括的知識	部分的知識
意思決定方略	情報処理型	簡略型

出所：新倉（2012b）182 頁。

そして、この作業記憶での情報処理は「内部要因」である「動機づけ」と「能力」によって影響を受ける。基本的に情報処理は労力（処理資源）が必要である。動機づけられた状態、すなわち関与度が高い対象については、消費者は多くの労力を割き情報探索・解釈・統合を行う。好きな物事や重要な物事に対しては多くの情報を集めたり、深く考えたり、細かく評価を行ったりすることは容易に想像できるだろう。このように関与とは、情報処理に対してどれほど動機づけられているのかを表す概念である。前述のとおり、情報処理理論は、消費者によって処理する情報の質と量が異なることを認めているという点において特徴があった。したがって、関与は消費者行動研究において情報処理理論の浸透とともに広く用いられる中心的な概念となったのである。

なお、情報処理を規定するもう一つの内部要因である「能力」とは知識である。処理対象に関連する知識がなければ、われわれはどのようにその情報を解釈し評価していいのかわからない。たとえば、宝塚歌劇のファンではない人が宝塚歌劇の前方三列目以内のチケットを見ても、それがどれほどの価値があるチケットであるのかはわからないだろう。宝塚歌劇の三列目のチケットは大変貴重なチケットであり、宝塚ファンとしてそのような席で観劇することは「悲願」であるといわれている（宮本、二〇一一）。このように、宝塚歌劇の知識がある人は宝塚のチケットの価値がどれほどのものであるかを解釈し、評価する能力がある。つまり、対象に関連する知識によって、消費者の情報を処理する能力は決まるのである。

関与度の水準による情報処理の違いは、表2-1のような違いが生じるとされている。新倉（二〇一二b）によると、高関与の場合は、深層まで考え、広く多くの情報を探索し、本質的な情報によって全体的な評価（態度）を形成し、体系だった知識形成を行い、一つひとつの商品の特徴を丁寧に分析して購買意思決定を行う。一方で、低関与の場合はその逆となると指摘されている[3]。

関与概念の多様性

このように関与は情報処理パラダイムの特徴でもある情報処理の個人差を規定する中心的概念である。したがって、そのような中心的な概念であるがゆえ、多くの研究者によって用いられ、多くの研究がなされることによって関与概念は多様性を帯びるようになったようである（たとえば西原、二〇一三）。例を挙げるだけでも、製品関与（たとえばBloch, 1981）、サービス関与（たとえばGabbott and Hogg, 1999）、永続的関与・状況的関与（たとえばHouston and Rothschild, 1978）、認知的関与・感情的関与（たとえばPark and Mittal, 1985）などがあり、関与の前に何らかの単語がついた「○○関与」は数多く存在する。だからこそ、そのような多様な概念をまとめた定義を行うと、本章の冒頭

図2-3　関与の源泉・状態・影響

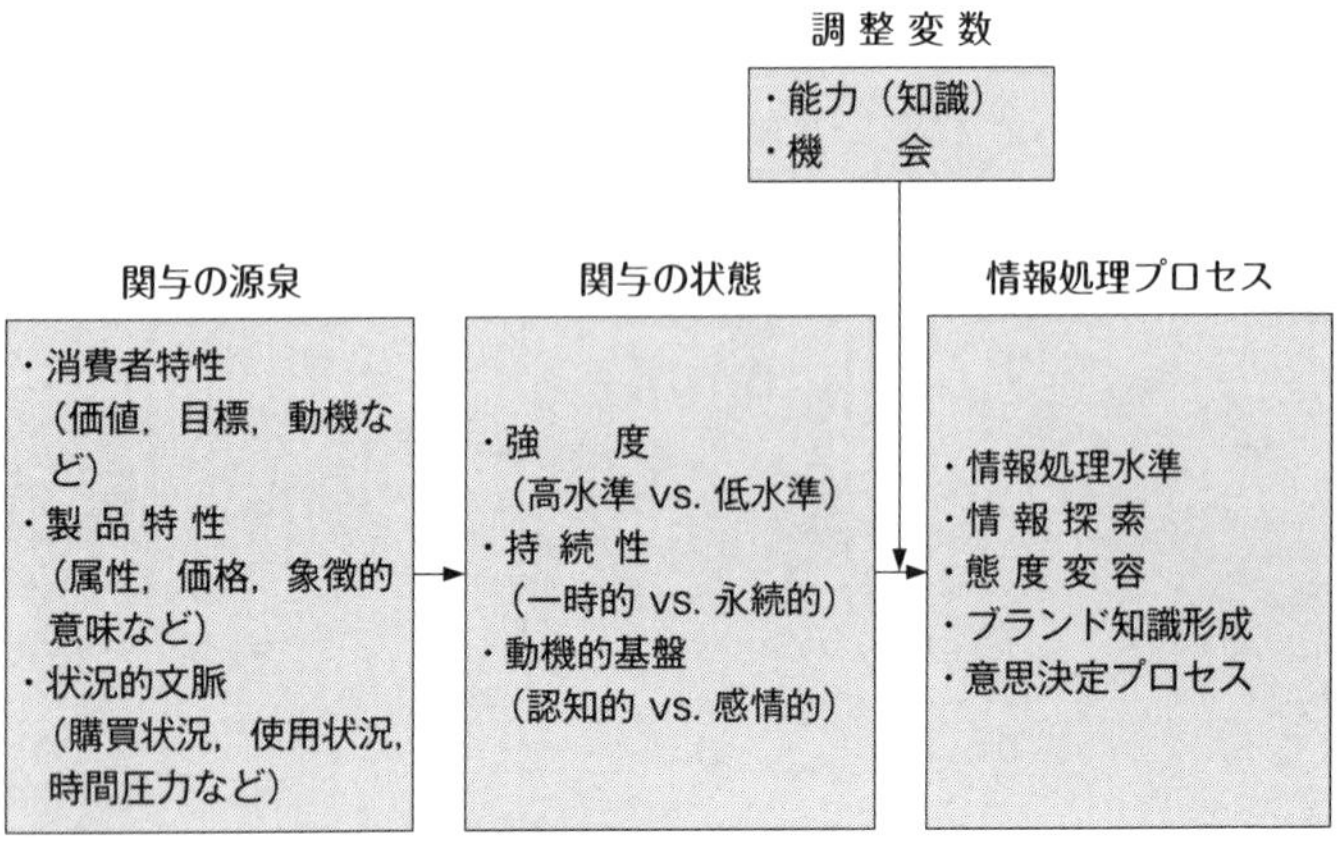

出所：青木（2010）202頁。

で引用した青木（一九八九）による定義となるのである。そこで重要となるのは、関与の前につく○○にはどのような種類が入るのかを把握することである。

図2-3は、青木（二〇一〇）がSchiffman et al.（2008）を参考にして、関与の源泉・状態・影響の対象をまとめた図である。○○には関与の源泉や関与の状態が入ることが多い。たとえば、製品関与や広告関与やサービス関与は源泉のうち「対象」を指したものである。高関与や低関与は関与の状態のうち「強度」を示したものである。

「持続性」を表したものとしては永続的関与や状況的関与がある。持続性とはどれほど関与が続くかを示したものであり、持続的なものと一時的なものがある。そして持続的なものである長期安定的な関与を永続的関与と呼んでいる。[4] いつもファッションに対してこだわりや関心が強い人は、ファッションに対する永続的関与をもっていることになる。一方、状況的関与は状況要因により生起される一時的な関与を指しており、たとえばデートに行くことになりファッションへの関心やこだわりである関与が生じたとしても、デート終了後にはその関与は状況的関与となる。

「動機的基盤」を示した関与としては、認知的関与や感情的関与が挙げられる。認知的関与とは「製品仕様を通した実質的な価値の実現・追求という功利的／機能的な動機ないしは認知的な動機を基盤とする関与」（青木、一九八八、八〇頁）である。Park and Mittal（1985）はこのような消費者は認知的関与が支配的である場合、製品の客観的属性を分析的に評価し、客観的な良し悪しによって購買意思決定を行うと指摘している。一方、感情的関与とは「製品使用を通した自我の維持・強化といった自己表現的動機ないし感情的動機を基盤とする関与」（青木、一九八八、八〇頁）である。感情的関与が支配的である場合、消費者は製品イメージを非分析的に、包括的な視点で評価し、主観的な好き嫌いで評価を行い、購買意思決定を行うとしている（Park and Mittal, 1985）。

たとえば、シャツを買うときに保温機能を求めて素材など製品特性を調べて分析的に評価し、購買をするときは認知的関与が生起していることになる。一方で全体的なデザイン性を求めて購買するときは感情的関与が生起していることになる。このように同じ対象でも動機の基盤が異なれば認知的関与か感情的関与か異なる点で注意が必要である。

このように関与には、対象や強度や持続性や動機基盤などによってさまざまな種類があることを説明してきた。さて、ここで本書のテーマに立ち返ってみると『宝塚ファンから読み解く超高関与消費者へのマーケティング』という題名がついているように、関与の対象は宝塚歌劇である。宝塚歌劇はレジャーに分類される[5]。そこで、続いてレジャー研究における関与研究を次節で概観していこう。

3 レジャーに対する永続的関与と超高関与形成プロセスの検討

レジャー活動に関する関与研究

(1) 永続的関与へのレジャー研究の援用

レジャー活動に関する研究（以下、レジャー研究）における関与研究は、一九八〇年代より始まるが、その始まりは製品に対する永続的関与にレジャー研究の概念を援用できないかを検討することから始まっている（Bloch and Bruce, 1984）。

そもそもレジャー研究におけるレジャーとはさまざまな定義があるが、Csikszentmihalyi and LeFevre（1989）によると、大きく分けるとレジャーは三つの要素をもつようである。すなわち、①義務感から解放された自由裁量の時間であること、②自由に選択した娯楽活動の追求、③有益な体験を提供する活動に費やす時間であること、である。このようなレジャーの定義や特徴をみると、宝塚歌劇のファンによる観劇行動は基本的にはレジャー活動といえるだろう。したがって、レジャー研究を対象とした関与研究が、とりわけ本書では重要な視点となると改めていえるだろう。

　また、レジャーには没入が必要な要素であると指摘されている。第５章でも紹介するCsikszentmihalyi（1975）は、レジャー活動では「フロー」（flow）という経験を人々は求めると指摘しており、フローとは「人々が完全に没入（total involvement）して行動しているときに感じる包括的な感覚」であるとしている（p. 36）。Unger and Kernan（1983）は調査の結果、レジャーの一般的な三つの特徴は①内在的満足（intrinsic satisfaction）、②知覚された自由（perceived freedom）、③没入（involvement）であるとしている。このように、レジャー研究ではレジャーの定義・特徴から没入は必要不可欠な要素であり、完全な没入状態で人が感じる感覚をフローと呼んでいる。

　さて、すでにお気づきかもしれないが、関与の英語表記は"involvement"であった。一方でレジャー経験における没入も"involvement"である。[6] このようにレジャー研究に消費者行動研究における involvement という関与概念が持ち込まれる前から、involvement という単語は重要な状態として言及されてきた。しかしながら、レジャー研究から元来あった involvement とは快楽的な活動に対して引き込まれた状態、すなわち没入を指しており、関与概念とは関連するものの異なるものであった（Bloch and Bruce, 1984）。

　話を関与概念のほうの involvement に戻そう。関与概念とレジャー経験の関連性は Bloch and Bruce（1984）によって検討がなされており、ここからレジャー研究における関与研究が始まったと考えらえる。ここでは製品の使用におけるレジャー活動に焦点を当て、そこから得られる快楽（pleasure）を中心とした報酬（rewards）によって、製品の使用がリピートされ、永続的関与につな

図2-4　レジャーを基盤とした永続的関与モデル

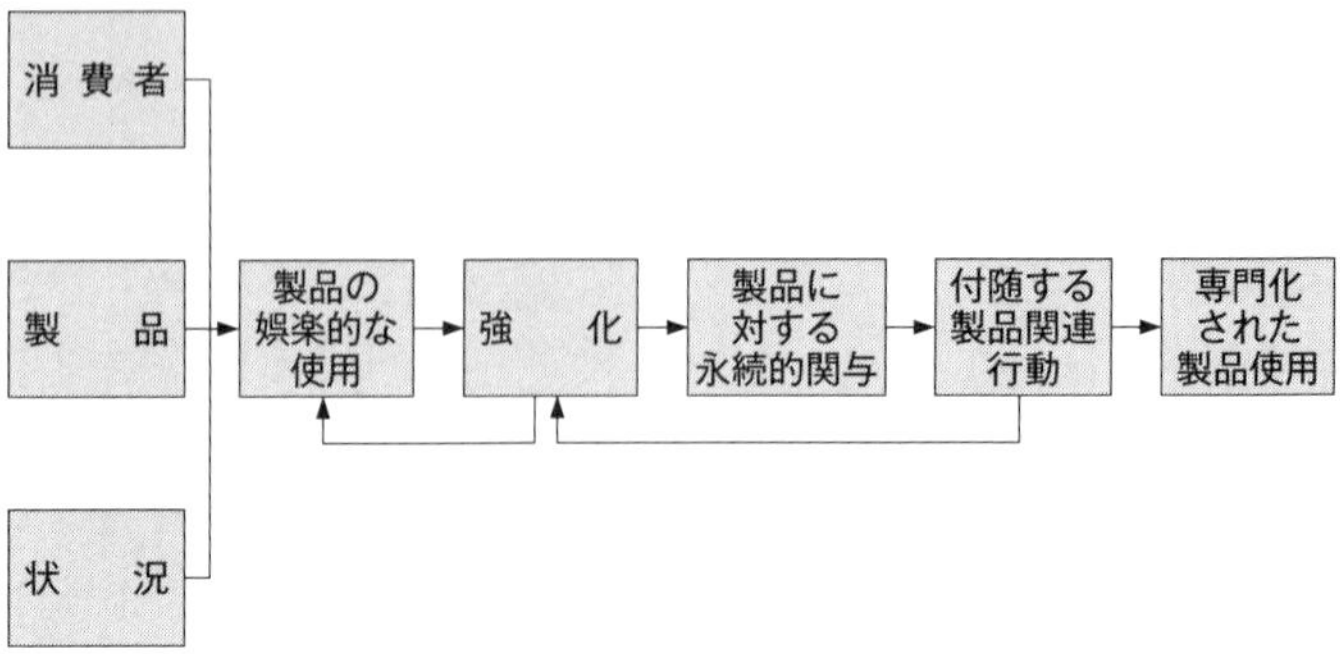

出所：Bloch and Bruce（1984）p. 200より作成。

がるモデルを理論より導き出している（図2-4参照）。一般的に報酬は外的報酬（extrinsic rewards）と内的報酬（intrinsic rewards）に分けられ、ここでの報酬はとくに後者を指している。外的報酬とは、たとえばスポーツの試合ならば、勝つことで他者から称賛を受けたりすることなど、その活動の結果によって得られる活動以外の報酬がこれに当たる。一方で、内的報酬とは、同じくスポーツの試合ならば試合中によいプレーができたことによって嬉しくなることがこれに当たり、その活動自体から得られる楽しさや快楽などが含まれる。そして、内的報酬は外的報酬よりもより人々を没入させるとのことである。

図2-4は、消費者は内的報酬を目的とした製品の使用（製品の娯楽的な使用）を通じて、内的報酬を得ることで満足（内的満足）が形成され、再度その製品の娯楽的な使用を繰り返し（強化）、永続的関与を生成させることを示している。そして、永続的関与が生成されることで、その製品に付随する関連行動（オピニオン・リーダー、永続的情報探索、高水準

の製品のメンテナンスなど）がなされるようになり、さらには専門化された製品使用（カスタムメイドなど）がなされるようになる。なお、付随する関連行動自体も、内的報酬を与えうることが指摘されている（Csikszentmihalyi, 1975 参照）。

このモデルを製品でたとえるのであれば、カメラを使って写真を撮ること自体が楽しく、時には没入することができれば、再び楽しさを得るためにカメラで写真を撮ることがあるだろう。そしてこれが繰り返されることで、カメラに対する永続的関与が生成され高まる。その結果、カメラ雑誌を定期購読してカメラに関する情報を得たり（永続的情報探索）、新しいレンズをレビューしたり、カメラの初心者に対してレクチャーを行ったりすることになる（オピニオン・リーダー）。宝塚歌劇でこのプロセスをたとえるならば、初めての観劇においてスターの歌や踊りのすばらしさに感嘆し、公演に没入し、宝塚歌劇の他の公演も見ることになる。この消費と内的報酬および没入が繰り返されることで、宝塚歌劇への永続的関与が高まることになる。そして永続的関与が高まると、ファンクラブへの参加、インターネットでの情報収集、宝塚初心者への観劇の推薦などの関連行動を行うようになる。

以上のように Bloch and Bruce（1984）は内的報酬と没入による永続的関与の形成と、永続的関与の形成による関連消費（行動）の広がりを指摘している。今一つ同論文の重要な指摘は、娯楽的な使用につながる製品の特性、すなわち永続的関与が高まりやすい製品の特性についての言及である。より複雑でブランド間において差異があり、快楽を引き起こす可能性がある製品は永続的関与が高まりやすいと指摘している。したがって、製品に対する永続的関与を高める場合は、快楽や差異といった部分での強化がポイントとなる可能性がある。

(2) レジャー関与の測定

以上のように、消費者行動研究における永続的関与はレジャー研究の知見を活かすことで、製品の使用における楽しさや美しさといった、快楽的消費を取り込むこととなった。

一方で一九九〇年代終盤になると今度は逆に、消費者行動研究において検討された永続的関与を、レジャーで援用できるかを検討する研究が始まる。援用の検討にあたっては、主に Laurent and Kapferer (1985) の "consumer involvement profile" (以下、CIP) という消費者行動研究において開発された測定尺度(質問項目)を用いて、レジャーに対する永続的関与(以下、レジャー関与)を測定することで、レジャー関与はどのような項目から形成されているのかを検討している。

製品を対象としたCIPは五つの構成概念をもっている。①消費者がもつ目標との一致を示す「重要性」、②製品からもたらされる「快楽」、③選択の失敗による結果の重要性を示す「リスクの重要性」、④選択の失敗が生じる可能性を示す「リスクの可能性」、⑤製品のアイデンティティと自己のアイデンティティの一致を示す「記号」である。一方で、レジャー関与はさまざまな結果が出ているものの、とくに多くの研究者に支持されている次元は①レジャー活動を行うことによりもたらされる快楽を示す「魅力」、②ライフスタイルにおける「中心性」、③レジャー活動のアイデンティティと自己のアイデンティティの一致を示す「自己表現」の三つの次元である（Kyle et al., 2006）。つまり、レジャーに対して楽しさなどの快楽を強く見出し、ライフスタイルにおいて中心的に位置づけていたり、自分を表現する対象として捉えている消費者はレジャー関与が高くなることになる。

このような研究の結果、ＣＩＰをレジャー文脈で援用することは一定の支持があるようである。しかし、レジャーの内容によっては援用が難しく、それはすなわち関与を構成する要素がレジャー対象により異なるからであるとの指摘がある（たとえば Kyle et al., 2006; Slater and Armstrong, 2010）。つまり、レジャー横断的な関与の測定尺度の構築はなかなか進んでいないのが現状のようである。以上がレジャー関与の構成概念に関する研究の大まかな流れである。

⑶　レジャー関与がレジャー行動に与える影響

また、レジャー関与がレジャー関連行動に与える影響についても研究がなされている。たとえば、Park（1996）はフィットネス・プログラムを対象に調査し、レジャー関与とロイヤルティの関係について明らかにしており、Kim et al.（1997）はバード・ウォッチングの文脈でコミットメントとの相関について検討をしている。加えて、レジャー関与はレジャー経験に対する選好（好み）にも影響があり、レジャー関与が高いと明確な選好をもつ傾向にある（Iwasaki and Havitz, 2004）。

レジャー関与はレジャー行動に対するさまざまな影響が検討されているが、本書の視点においてとくに重要な影響は二つあると思われる。一つ目はレジャー関与の対象に付随する活動への参加傾

図 2-5　Havitz and Mannell (2005) で検証したモデル

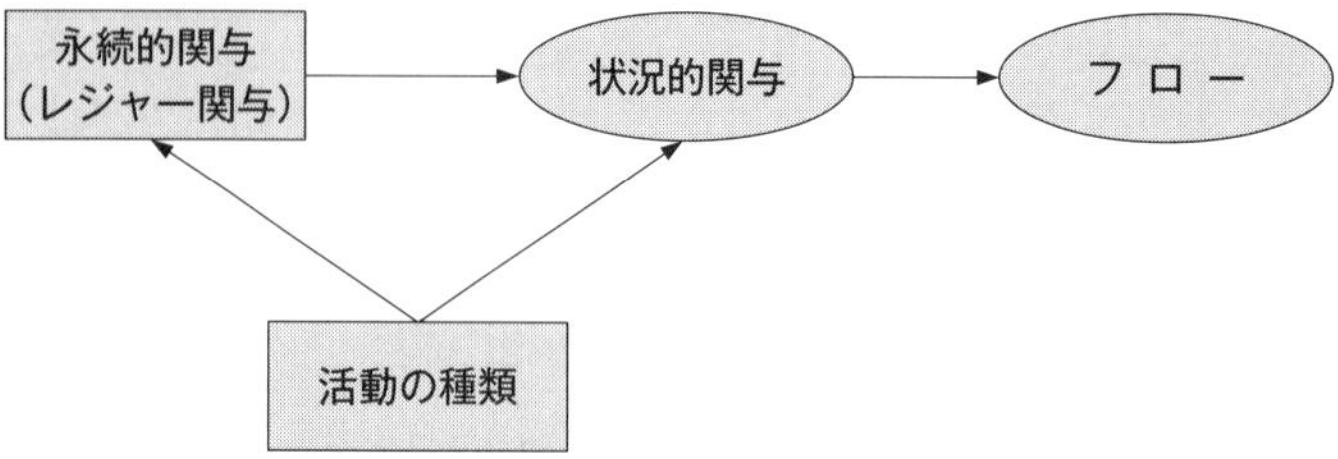

出所：Havitz and Mannell (2005) p. 167 より作成。

向への影響である。前述のBloch and Bruce（1984）では、製品に対する永続的関与は付随する製品関連行動に対して影響を与えるという指摘があったが、レジャー研究においてもレジャー関与が高い消費者は、そうでない消費者よりも、レジャー行動に付随する活動（たとえば雑誌の購読やクラブへの参加）を広く頻繁に行う傾向があることが明らかとなっている（たとえばSchuett, 1993）。本書の対象としている宝塚歌劇については観劇以外にも付随する活動が多く存在するため、[7] 宝塚歌劇に対して超高関与な消費者はやはり付随するファンクラブなどの活動に参加しやすい可能性がある。また、近年多くのブランドで顧客組織の運営や、顧客参加型プロモーションが行われていることを顧みると、この影響は考慮しておくべきであろう。

今一つはレジャー経験自体への影響である。Havitz and Mannell（2005）は、レジャー関与は対象レジャーの実行や参加に影響を与えるだけではなく、レジャー経験自体に影響を与えることを検証している。レジャーに対する永続的関与は、レジャーに対する状況的関与を介して、レジャー経験（フロー）に影響を与えることを検証している（図2-5参照）。

ここでの状況的関与とは、消費者が置かれている状況により感知された永続的関与を指している。たとえば、宝塚歌劇に対する状況的関与であれば、『ベルサイユのばら』のヒットが生じて宝塚歌劇に対する関与を感知した場合[8]、それは状況的関与が生じていることになる。また、仕事が忙しくなり宝塚歌劇に対する関与が低くなる場合は、その関与は状況により変化しているため、状況的関与といえるだろう。そして、永続的であれ状況的であれ思い入れやこだわりがある（関与が高い）趣味などの消費をしているときは、楽しく、その対象のみに注意が向けられ、時間が経つことも忘れること、すなわち没入することは日常生活においてしばしばみられる現象であるだろう。

以上、宝塚歌劇における超高関与消費者を位置づけるため、前節から消費者行動論における関与概念と、レジャー研究における関与研究について概観してきた。ここまでの流れを少しまとめておこう。

消費者行動研究では情報処理理論の浸透とともに、多様な関与概念が提唱されてきた。宝塚歌劇の超高関与消費者を検討するにあたり、なかでも重要であるのは永続的関与であろう。なぜならば、永続的関与は安定的で持続性のある関与であり、宝塚歌劇の超高関与消費者は長期間ファンである消費者が多く存在するからである[9]。したがって、超高関与消費者を考察するにあたり、やはり永続的関与を基盤として検討を加えることが妥当であろう。

そして、永続的関与の形成プロセス（Bloch and Bruce, 1984）や、レジャーに対する永続的関与の影響についての一連の研究から（たとえば Havitz and Mannell, 2005）、永続的関与は娯楽的な消費と没入により形成され、また一方で没入を規定することが考えられる。これらの研究成果より、永続的関与の循環構造を導くことができる。このプロセスは超高関与消費者がどのように形成されるかを検討する足がかりとなると思われる。次項でみていこう。

「ハマる」メカニズム：超高関与形成プロセスの検討

(1) 循環型の永続的関与生成過程

レジャー研究における概念から永続的関与の生成過程を理論的に検討した Bloch and Bruce (1984) や、レジャー研究における永続的関与のレジャー活動やレジャー経験自体への影響に関する実証研究から (Havitz and Mannell, 2005; Schuett, 1993)、図2-6のような循環型の永続的関与生成過程が推測される。いわゆる「ハマっている」状態でもある超高関与状態とは、このような循環を高頻度に生起させることで最高水準級の永続的関与を、長期的に保持し続けている状態を指すと考えられる。では、モデルの説明をしていこう。

まず、Bloch and Bruce (1984) の考察より、製品やレジャー活動といった消費対象や消費者の特性によって、娯楽的な消費が規定される。消費対象としては複雑であったり、対象クラス内での差異が大きかったり、喜びや楽しさや審美性などの快楽性がある対象であるほうが、娯楽的な消費につながりやすいようである (Bloch and Bruce, 1984)。そして娯楽的な消費は二つの "involvement" に

図 2-6　永続的関与の規定要因・生成過程・影響

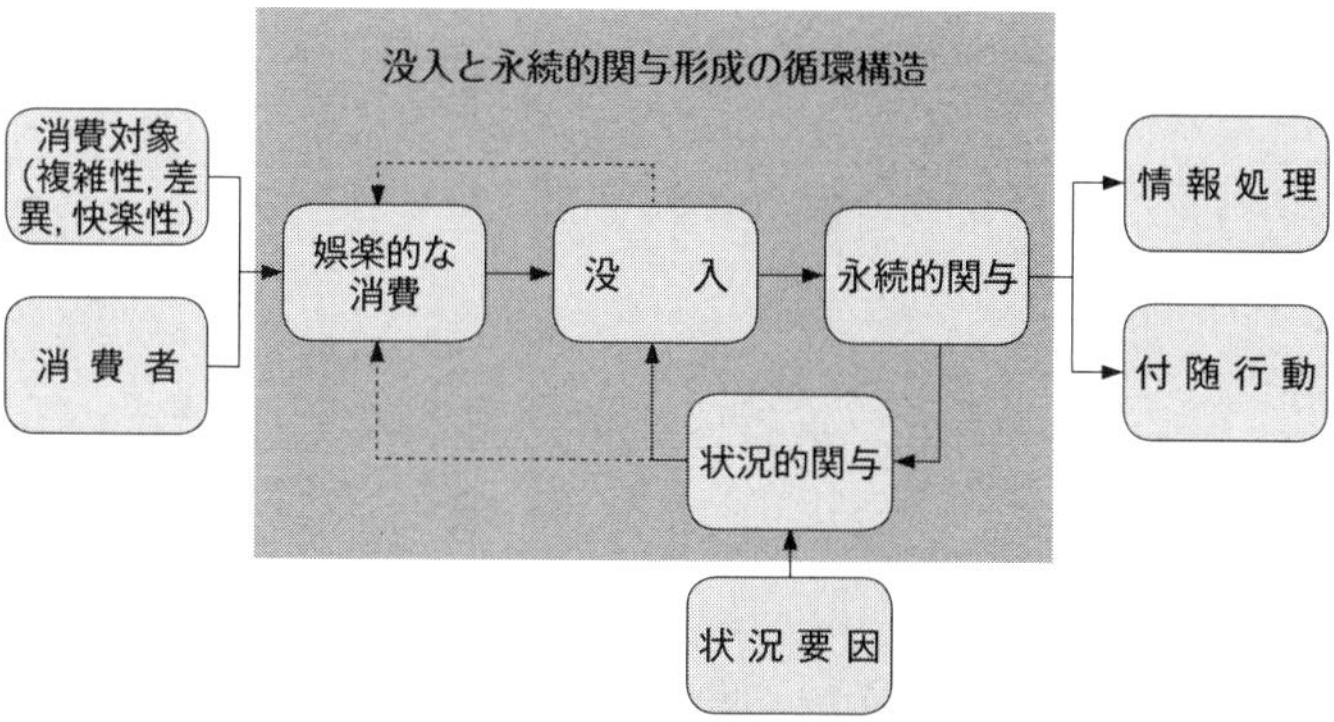

注：矢印は影響を表しており，とくに反復消費への影響は破線で示している。
出所：Bloch and Bruce (1984); Havitz and Mannell (2005); Schuett (1993) を参考にして作成。

つながる。まず一つ目に楽しさなどの快楽を引き起こしフロー（Csikszentmihalyi, 1975）に代表されるような没入という involvement を引き起こす。そして没入は報酬となり娯楽的消費のリピートを強化すると同時に、二つ目の involvement である永続的関与を引き起こす（Bloch and Bruce, 1984）。この永続的関与は安定的であり、次回以降の娯楽的な消費による没入に対して状況的関与を媒介して正の影響を与える（Havitz and Mannell, 2005）。

状況的関与は娯楽的な消費を行う状況によって生起される関与であるため、時と場合によって水準が変化するが、娯楽的な消費を行う状況が仮に一定であれば状況的関与は一定であるので、永続的関与が高くなればなるほど、再びその消費対象を消費することで没入できる可能性が高くなる。[10] そしてその没入は、さらなる娯楽的な消費のリピートや永続的関与の再強化につながる。また、永続的関与は同時に状況的関与を媒介して直接的に娯楽的な消費を反復させる。

このような循環が二つのinvolvementである没入と永続的関与で行き来することで、状況的関与が一定であれば、永続的関与は高められるだろう。当然、永続的関与は消費者の情報処理を規定するため、関与が高められた消費者は高関与型の情報処理（図2-2参照）を行うことになる。また同時に、消費対象に付随する行動（関連雑誌の購読やオピニオン・リーダーになることなど）の頻度を高め範囲を広めることになるのである（Schuett, 1993）。

(2) 宝塚ファンの分析による検証

この循環構造における永続的関与が状況的関与を媒介して没入を規定する部分については、既存研究の調査により検証がなされているが、消費対象や消費者、左から右への流れについては元となった論文では検証がなされていない。しかし、われわれが行ったヘビーな宝塚歌劇ファンに対するヒアリングからも、これらの影響は読み取れる。詳細な検証にはならないが、図2-6を左から順に、該当すると考えられるファンのヒアリングによって得られた発言内容を示してみよう。

まず、消費対象である宝塚歌劇の特徴については、たとえば「出ている人間が多すぎると思ってしまうが、これも魅力の一つだと思う」[11]、「(ハマったきっかけは) 最初はまったく生徒の名前と顔がわからなかった。しかしだんだん固有名詞がわかり多くの生徒を覚えると楽しくなってきた」、「衣装の細かい部分、小物の使いまわしもチェックする」といった発言があり、これらは宝塚歌劇の複雑性を知覚していることが読み取れる。また、差異については、たとえば「（何度も同じ公演を観るのは）一回一回違うから」、「生徒が卒業する仕組みがあるので今しか見られない」、「（公演中に）何度も通うと作品が公演中に少し変化していてそれをあれこれと考えるのが楽しい」、「（生徒が）成長していくところが楽しい」といった発言からファンは公演内や公演間の差異を知覚していることが読み取れる。もっとも、宝塚歌劇団は新作主義であり一部を除き再演を基本的に行わなかったり、トップスターが数年で定期的に退団したりするなど、根本的に差異を生むシステムとなっている点についても言及しておくべきであろう。さらに快楽性については、たとえば「（宝塚歌劇は）リフレッシュできる場所」であったり「（観劇することは）現実からの脱却」といった発言から当然知覚されていることが読み取れる。

　消費者の特徴については宝塚歌劇のファンは女性が多く、年齢や性別やライフスタイルなどにより、宝塚歌劇に超高関与となりやすい消費者とそうでない消費者がいるようである。詳細については第４章の調査結果を参照してほしい。

　続いて図２-６の中央の循環構造部分について確認していきたい。

　娯楽的な消費については、観劇動機について「楽しい」、「面白い」、「（男役が）かっこいい」といった発言が関連していると思われる。これらは内的報酬であるため、ファンは観劇を娯楽的な消費として行っていることがわかる。

　没入については、たとえば「舞台を見ると自分もそのなかの一人のような感覚になる」、「すべてを忘れられる」といった発言から読み取れる。また、「ハマったきっかけ」については「ハマった瞬間は、プガチョフとニコライのソロの部分の歌。見ているときは、鳥肌が立った」、「『鳳凰伝』を見たときは今までの自分の人生はなんだったのかという、ものすごい衝撃を受けた」といったような発言があり、最初の没入のきっかけは強烈な体験として詳細かつ鮮明に記憶に残っているようである。[12] そしてこのような没入は、ファンが現在でも行っている反復的な娯楽的消費のきっかけとなると同時に、永続的関与を生成させている。たとえば、「観劇前は関心が薄かったが、観劇して一発でハマった。『猛き黄金の国』に出ていた湖月わたるのファンになり宝塚が好きになったといってても過言ではないと思う」、「男役の人ってこんなにカッコイイんだと、衝撃を受けた。それまでは、おばさんの見るものだと思っていた」といった発言は心理的な結び付きによる思い入れの生起を示しており、没入が永続的関与の生起を表していることが読み取れる。そして永続的関与が生起し高まったファンは反復的な観劇（娯楽的な消費）を行うことで、頻繁かつ深く没入していくことになる。

しかし永続的関与は、その状況における一時的な関与である状況的関与を媒介して没入や反復的な娯楽的消費へと影響を与えているようである。たとえば「何回か行くうちに結構いいものだという感じになり、瀬奈じゅんさんのお披露目公演を観て雷に打たれた感じになって、ハマりだした。その後、お正月休みに入ったので、友だちからビデオを借り見ていたら、宝塚しか考えられない人生になって、それから現在までちょっと波はありつつも、六年間はずっとハマりっぱなしな感じに」という発言があった。ここではハマった後に正月休みという状況によって、宝塚歌劇の鑑賞が生じている。また、同時に常に一定の頻度で観劇を行っているわけではなく、状況により頻度が異なるようである。他にも「(好きな生徒が）退団してからはやや足が遠のいている」、「勤めだしてからは宝塚に行かなくなった」といった発言があり、その時々により関与水準が変化し娯楽的な消費の頻度を規定していること、すなわち状況的関与が娯楽的な消費に影響を与えていることを示していると考えられる。

そして永続的関与が十分に高まると、各方面から宝塚関連の情報収集をするなどといった高関与型の情報処理が行われる。また、そのようなファンの一部はファンクラブでの活動によるブランド支援、お茶会への参加や宝塚きっかけの友人との公演の感想談義をする等のコミュニティ消費、職場の同僚への推奨といった他者推奨、以上のような付随行動へとつながるようである。

このように、二つのinvolvementである没入と永続的関与形成の高頻度な循環こそが、いわゆる「ハマっている状態」であり、消費者を超高関与へ導くカギとなると考えられる。

以上、レジャー研究における関与と没入を中心に理論的に検討することで、消費者が超高関与に至る可能性とそのメカニズムを検討した。既存研究から導出した没入と永続的関与の「ハマる」メカニズムは、仮説の域にとどまるが、宝塚歌劇ファンのヒアリング結果からは大きく外れてはいない。より詳細な検証が今後は必要となるだろう。次節では、より直接的に超高関与消費者を探究している研究について概観していこう。

4 超高関与消費者の捉え方

超高関与の研究

日本において「超高関与」という単語を使い、そのような消費者を最初に分析した研究は堀田（二〇一一、二〇一二、二〇一三）である。同論文における一連の研究では、バレエやオペラの舞台芸術のファンを対象にヒアリングとアンケート調査を行い、超高関与セグメントの存在を確認し、さらに超高関与へ至るプロセスを「アートの消費者　関与―知識モデル」として提示している（図2-7参照）。[13]

図2-7のとおり、堀田（二〇一一、二〇一二、二〇一三）は、関与と知識の関連性のなかでファンは超高関与へと変化していくことを表している。関与は鑑賞経験により低関与、高関与、超高関与と進み、高関与から超高関与へ進むには「深いアート体験」がカギとなることを示している。深いアート体験とは「『息を止めるほどの美しさ、舞台上と客席との一体感』『作品やダンサーが非日常的な世界を現出させ、自分自身もその中で共に生き、没頭できたとき』」（堀田、二〇一三、二頁）などがこれに当たる。このような深いアート体験は「鑑賞者自身の人生経験と長年のアート体験が結びついて」（同、二頁）超高関与を形成すると同論文では主張している。[14]

ここでの超高関与とは、きわめて高い関与であるとともに、「精緻化された関与」として捉えら

図 2-7　アートの消費者　関与－知識モデル

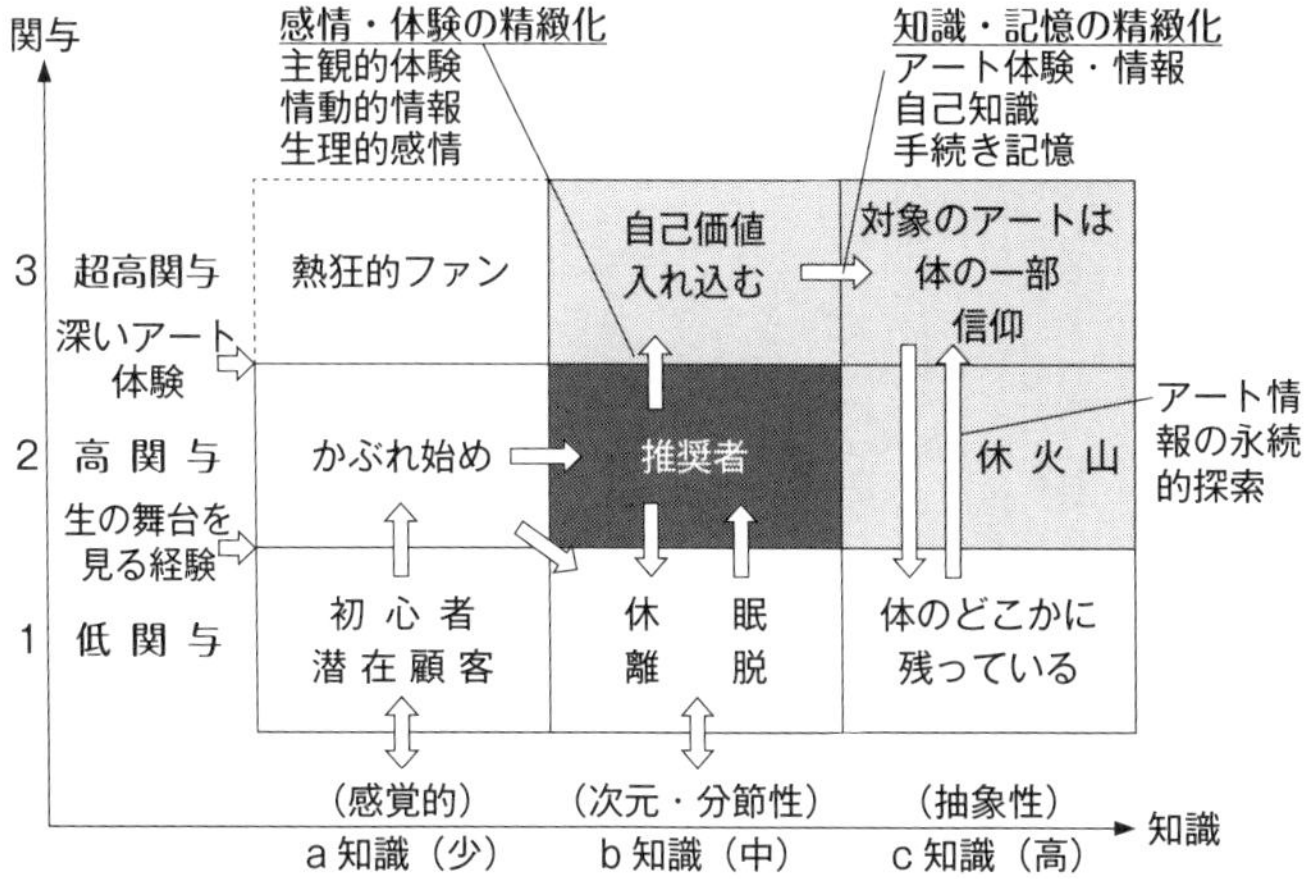

出所：堀田（2013）14 頁。

れている。「精緻化された関与」とは、興味・関心としての関与が長期的に関与対象と関わっていくことにより、製品知識だけでなく、情動や主観的経験、感情、自己知識、手続き記憶、さらに他分野の知識など、さまざまな内部情報が精緻化された結果、頑健で永続的な関与となったものであると説明されている（堀田、二〇一三、一三頁）。つまり、興味・関心による超長期的な舞台芸術との関わりのなかで、舞台芸術の知識や体験と自分の価値観が一体化することによって生じる、きわめて安定的で持続的な高関与を超高関与としている。先に提示した図2-3にある「関与の状態」に当てはめると、強度が高水準であり持続性が永続的な状態である場合、超高関与となる。

また堀田（二〇一一）では、関与が高いと舞台の情報探索量が多く、またチケット購入枚数が多いことも検証している。したがって、超高関与の消費者は高関与の消費者と同様に、高関与型の情報処理プロセスを行うようであり、舞台芸術のヘビーユーザーとなる傾向があることが窺える。

以上、「超高関与」という概念を捉えた草分け的な研究として堀田（二〇一一、二〇一二、二〇一三）を概観してきた。アートを対象とした関与研究は常に少ないと指摘されているなか（Slater and Armstrong, 2010）、アートとその体験を対象にして高関与とは異なる超高関与という関与概念の拡張を行おうとする試みは非常に先駆的であり、革新的な研究であるといえるだろう。また、関与と知識の相互作用による超高関与化のモデル（図2-7）については、「知れば知るほど面白い」（堀田、二〇一三、一六頁）消費対象、すなわちBloch and Bruce（1984）で指摘されている複雑性をもつ製品・サービスへの援用を検討できるだろう。

しかしながら、われわれの問題意識において堀田（二〇一一、二〇一二、二〇一三）の研究成果をそのまま援用することはできない。第1章で指摘したようにわれわれの視点は、超高関与消費者による口コミや他者推奨などの顧客間インタラクション（以下、C to Cインタラクション）をいかに形成させ、新規需要を創造するかについて検討することにあった。つまり、超高関与消費者のみの消費だけではなく、超高関与消費者が他者とともに消費をするのか否か、そして他者とともに消費をするのならばどのような場合にそうするのかについて、検討しなければならない。マーケティング戦略上、そのような需要創造の担い手となりうる超高関与消費者の解明は、非常に重要な研究課題といえるだろう（和田、二〇一三）。また、宝塚歌劇のファンは劇場での観劇だけで消費が完結するわけではなく、ファンクラブでのブランド支援活動やお茶会というスターやそのファンとの交流会への参加などの付随活動が、宝塚歌劇の超高関与消費者や宝塚歌劇団の運営にとっては重要な消費行動となるのである。

「超高関与」という言葉を使った研究は堀田（二〇一一、二〇一二、二〇一三）や和田（二〇一三）以外には、筆者が調べた限りでは見つからなかった。しかし、超高関与という単語は使用してはいないが、通常よりもとびぬけて高い関与状態の消費者を捉えようとした研究はいくつか存在している。次項ではこれらの研究をみていこう。

超高関与消費者に関連する研究

以下では超高関与消費者に関連すると思われるさまざまな状態の消費者を、青木（二〇一〇）による関与の源泉・状態・影響を示した図2-3（本章三六頁）を参考にして、関与の状態を表す要素である強度、持続性、動機基盤について整理していこう。また同時に、その結果生じる消費行動上の特徴を確認していく。そうすることで、多様な超高関与消費者が考察されていることがわかると同時に、その多様性がおそらく動機基盤によるものであり、これを調査することが多様な超高関与消費者群像を検討するにあたり重要であることを指摘したい。

(1) 製品熱中者の研究

まずはBloch（1986）による「製品熱中者」（product enthusiast, 以下、熱中者）に関する検討が挙げられる。ここでは、「完全な無関心」（total apathy）の正反対に製品熱中者を置いているため、無を最小とするならば、最大まで高められた関与水準をもつ消費者を検討していることがわかる。ここでの関与とは持続性をもつ永続的関与であり、対象は製品となる。熱中者はヘビーユーザーではあるが、製品の重要性と関心により規定されるため、ヘビーユーザーとはいっても直ちに製品熱中者となるわけではないとしている。

同論文では製品熱中者の特徴として、①高水準の情報探索、②オピニオン・リーダー、③新製品の早期採用、④対象製品のメンテナンスを挙げている。高水準の情報探索により、製品間の微妙な差異の知覚ができ、情報収集することで専門知識を常に増加させる傾向がある。オピニオン・リーダーとしては、製品に関して他者と話すことを楽しんだり、他者のチェンジ・エージェントとして働き、他者へ製品を推奨したりする。新製品の早期採用は、文字どおり、新たな製品が発売されればすぐに購買し試す傾向にある。対象製品のメンテナンスとは、製品の保護や強化を行う行為や製品をメンテナンスする用品を購買する傾向があることを示している。なお、熱中者が生じやすい製品特性についても指摘しており、複雑な製品や快楽的製品においてとくに生じやすいとしている。この点についてはBlock and Bruce（1984）や堀田（二〇一三）の指摘と一致している。

さて、熱中者の関与の強度、持続性、動機基盤について確認しよう。強度は前述のとおり最高水準であり、持続性については永続的関与であるため永続的である。動機基盤については、快楽的製品で生じやすいという点から、感情的動機基盤に立脚しているようである。また情報処理プロセスについては、精緻な情報処理や広範な情報探索や体系的・包括的な知識形成をしている点から、高関与型情報処理を行っているといえるだろう。

このように、熱中者の関与状態は最高水準、永続的、感情的であり、情報処理は高関与型情報処理となる。また、熱中者は行動の特徴としてオピニオン・リーダー、対象に対する保護・強化、そしてヘビーユーズが指摘されている。しかしながら、製品が対象であり、宝塚歌劇のようなアートやレジャーを対象としていない点に本書と大きな視点の相違がある。

(2)　熱狂者の研究

また、「熱狂者」(fanaticism) を対象とした研究も存在する。たとえば近年では Chung et al. (2008) は長期的なヒアリングを通じて熱狂者の特徴を抽出している。その特徴としては①桁外れのロイヤルティ・信仰心がある点、②短期的な極度の熱中がある点、③慣性的な関与と行動である点、④消費自体が目的である点、⑤非社会的な現象である点を挙げている。ここではラグジュアリー・ブランドに生活費のほとんどを費やしてしまう消費者や、おもちゃを三部屋分も集めている消費者など、ある対象に対して異常なほどの熱中をしている消費者を検討している。同研究では熱狂者のポジティブな側面も検討しているが、多くの場合において熱狂者はネガティブに捉えられることが多いようである。

熱狂者についても熱中者と同様に、図2-3の関与の状態に当てはめてみる。強度は極度の熱中であることから最高水準であり、持続性については最高水準期間が短期的とはあるが、一方でたとえ仕事中という状況でも対象に対する情報探索をするなど関与は常に高いので、状況的なものではなく、永続的なものであると思われる。動機基盤は消費自体が目的であるため、感情的動機基盤である。また、行動の特徴としては、桁外れのロイヤルティはヘビーユーズを指しており、非社会的な現象であり、自己完結するため他者推奨や他者との交流という特徴は存在しない。また情報処理プロセスについては、いつでも熱狂対象の製品を探していることが（高関与型の情報探索）、ヒアリングにおける被験者のコメントを通じて読み取れる（Chung et al., 2008, pp. 334–337）。なお、われわれが捉えようとしている宝塚歌劇の超高関与消費者とは、あくまでブランドにとってポジティブな対象である点で大きく異なる。しかし、宝塚歌劇にもこのような超高関与消費者が存在する可能性も否定できない。

このように、熱狂者と熱中者はどちらも最大まで関与度が高まっている消費者であり、どちらも超高関与消費者といえるだろう。しかしながら、行動の特徴としては非社会的な自己完結型の消費であるのか、それともオピニオン・リーダーや口コミなどのC to Cインタラクションを生成するある種の社会的な消費者であるのかは両者で大きく異なる。自社の超高関与顧客がどちらの形の超高関与消費者となるかは、マーケターにとってはきわめて重大な事項である。なぜならば熱中者は自分が消費するだけではなく，C to C インタラクションにより他者の需要を創造する可能性があるからであり，一方で熱狂者は自己完結型の消費であるため C to C インタラクションによる需要の拡大は望めないからである。

仮に関係性マーケティングにより心理的な結びつきを顧客との間に形成しても，熱狂者のような自己完結型の超高関与消費者のみが育成され自社の大部分を占めるようになれば，そのブランドは新規顧客の獲得のためにより多くの資源を配分しなければならないだろう。それは熱中者による需要の創造が生じないからだけではなく，熱狂者の消費行動は潜在顧客からみると，異常な消費行動であるようにみえる可能性もあるからである。したがって，これらのブランドにとってポジティブな超高関与消費者である熱中者と，反対にネガティブな存在ともとられる熱狂者が，本書における高関与消費者に関連する研究としてはとくに重要な研究となるだろう。

(3)　超高関与の源泉・状態・特徴

もちろん他にも超高関与消費者に関連すると思われる研究は存在するが，おおむね関与の状態は共通している。たとえば「消費者信仰心」(consumer devotion) という概念は，ブランドへの究極的に高いコミットメントを意味しており (Pimentel and Reynolds, 2004) ブランドを対象とした情熱，親密さ・長年の親しみ，深い知識，熱心さを指す概念として説明されている (Pichler and Hemetsberger, 2007)。関与の分析枠組に当てはめてみると，ブランドを対象とした，最高水準，長

図 2-8 超高関与の源泉・状態・行動特徴

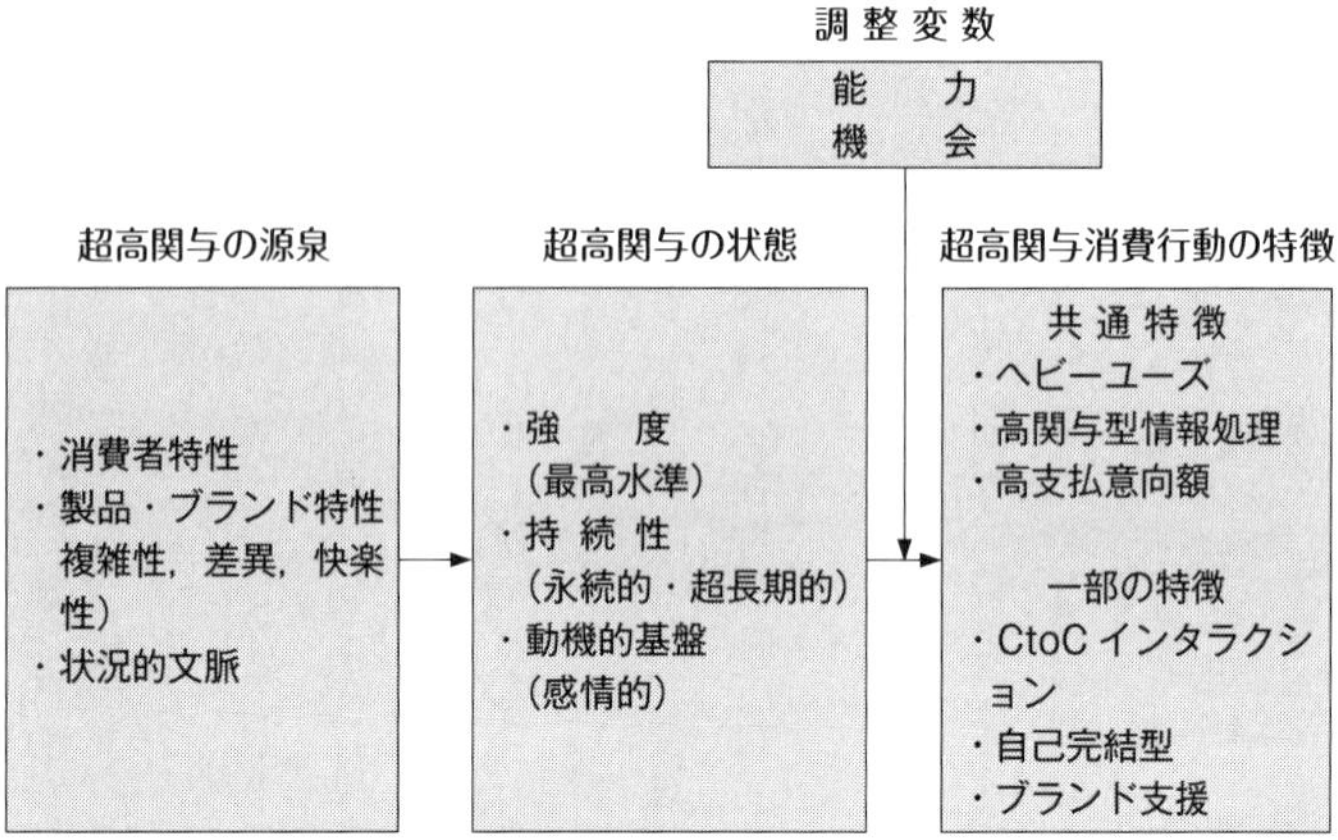

出所：青木（2010）202 頁を参考に作成。

期間の永続性、感情的動機基盤をもつ関与状態の消費者を指していることがわかる。行動の特徴はロイヤルティによりヘビーユーズとなり、高関与型の情報処理となる。なお、前述した堀田（二〇一一、二〇一二、二〇一三）の超高関与については、これを関与の分析枠組に当てはめると、超高水準、超長期的、感情的動機基盤という状態であると思われる。

ここまでに概観してきた超高関与消費者に関連する先行研究の関与状態と特徴について、青木（二〇一〇）の枠組に従いまとめて図示すると、図2-8のとおりとなる。強度や持続性や動機基盤など関与の状態については、最高水準であり、永続的であり感情的な動機基盤をもつ関与状態が超高関与状態である点は一致しているようである。永続的であれば安定的であるはずであるため、堀田（二〇一三）において持続性を超長期的とした点も受け入れられるだろう。そして超高関与消費者の特徴として、ヘビーユーズ、高関与型情報処理、高支払意向額についてはおおむね共通している。しかし、超高関与消費者の種類によって生じる特徴と生じない特徴もあるようである。それはＣ to Ｃインタラクションを行う場合と自己完結型の消費を行う場合である。これは完全に正反対の結果であり、同時に満たすことはない。またブランド支援の実施についても言及される場合とされない場合があった。すなわち、ここで超高関与消費者にも消費行動のタイプが異なる複数の群が存在する可能性があることが、先行研究のレビューにより示されたことになる。

以上、超高関与に関連すると思われる研究のうち、とくに本書で重要である熱中者と熱狂者について簡単に紹介してきた。複数の超高関与消費者像の存在が各研究で指摘されていることがわかる。しかしながら、どの研究についてもわれわれの捉えようとする宝塚歌劇の超高関与消費者とは若干異なる。最も近しいのは熱中者であるが、これは製品を中心に検討がなされているものである。またそれぞれの研究では、対象ブランドやカテゴリーが異なり、単一ブランド内で超高関与消費者の類型化を行う研究は不足している。関与対象を統制して、なぜ異なる特徴をもつ超高関与消費者が存在し、それはどのような形で分類されるのかという、超高関与消費者の包括的な検討を行う必要があると考えられる。

5 超高関与消費者を研究する意義

超高関与とは何か

本章では、超高関与とはどのようなものであるのかについて先行研究を交えて検討してきた。そこで一度ここまでの議論を踏まえて超高関与とは何かを説明してみよう。

本書における超高関与とは、ある製品（ないしサービス）カテゴリーもしくは特定ブランドに対する、感情的ないし心理的結びつきによって生じる、永続的で超長期的な持続性をもつ最高水準の思い入れやこだわりである。超高関与消費者とは超高関与状態の消費者を指す。また超高関与であるか否かは行動の特徴から把握することが可能であることとし、具体的にはきわめて多頻度な消費（ヘビーユーズ）、高関与型情報処理、高支払意向額という特徴をもつ。また超高関与消費者は関与対象に関連する活動に従事することもあり、なかでも他者推奨や関連コミュニティへの参加（コミュニティ消費）といったC to Cインタラクションや、ブランド支援活動を行う場合がある。そして、超高関与消費者は、関与対象の多頻度消費と関連活動を娯楽的な目的で行い、しばしば没入を体験することで、関与の強度は強化・維持される。

では、そのような超高関与消費者を研究する意義について、本章で概観してきた既存研究の課題と関連づけながら、改めて考えてみよう。

超高関与消費者研究における課題と本書の意義

超高関与消費者に関する研究には、大きく分けて三つの課題があると考えられる。まず、関与研究において芸術を対象としたものは少なく、また永続的関与を形成すると考えられる対象への没入を考慮に入れた関与の検討はあまりなされていない。没入と永続的関与は密接に相互に関連していることが指摘・検証されており、われわれの行ったヒアリングからも循環構造を示唆するコメントが得られていた。したがって、没入の観点も加味した永続的関与を検討する必要性があるだろう。これが一つ目の課題である。

また、超高関与消費者やそれに関連する研究もなされている。ここでは超高関与消費者の特徴についてはヘビーユーズや高関与型情報処理など、どの研究でもおおむね一貫して指摘されている特徴であるが、一方で、正反対の特徴も観察されている。とくに問題であるのは、ＣtoＣの関係性を構築してインタラクションを行う超高関与消費者と自己完結型の超高関与消費者が存在する点である。これは同時に満たすことができないため、超高関与消費者内にも分類すべき群があることを示している。したがって、超高関与消費者にはどのような種類の群があるのかを調査し把握すべきであろう。これが二つ目の課題である。

そして最後の課題は、超高関与消費者の群を分ける要因を究明することである。超高関与消費者が超高関与により規定されるのであれば、超高関与消費者の特徴は超高関与の状態により規定されると考えるのが自然である。超高関与における関与の状態については強度や持続性についてはおおむね合致した指摘がなされており、超高水準できわめて頑健な永続性をもち感情的な動機に基盤をもつ状態の関与が超高関与であるといえるだろう。おそらくこのなかで最も多様性があり、それほど究明がなされていないのは、感情的動機の具体的内容である。

動機について、超高関与は感情的動機を基盤にすることについてはしばしば言及されるものの（たとえば堀田、二〇一三）、その具体的な内容までは十分な議論と統一見解がない状態である。したがって、どの先行研究における超高関与消費者においてもある程度同じ強度と持続性（最高水準、永続的・超長期的）であるならば、残りの状態の構成要素である動機基盤が（認知的・感情的ではなくその細目が）、正反対の特徴に影響を与えている可能性が高いと考えられる。すなわち、超高関与消費者を分析するにあたり、動機の具体的な内容に関する調査を行うことで、超高関与消費者の群を分かつ要因が明らかとなる可能性がある。

さらに、この感情的動機は、没入により永続的関与は形成されることから、フローなどの没入であることが考えられる（図2-6参照）。したがって、動機の調査においてはフローを提唱したCsikszentmihalyi（1975）が参考になると思われる。

しかしながら、これは本来ならばなかなか難しい課題である。なぜならば動機は製品・ブランドの特性に大きく影響を受けるからである。よって、動機内容を検討するためには一つの対象において、ある程度多くの超高関与消費者を集められなければならない。ここに本来であれば障壁が存在する。なぜならば、そもそも超高関与とは長期にわたり通常を超越した最高水準の思い入れをもつ状態であり、一つの関与対象について大量かつ多様な超高関与消費者が存在する製品やブランドはそれほどないだろう。したがって、対象となる製品・ブランド特性を統制して十分な超高関与消費者のサンプルを集めることは非常に難しいと思われる。しかし、一〇〇年の歴史をもつ宝塚歌劇を対象とした場合、超高関与とみなされる、多様かつ長期的なファンが多数存在するため、超高関与消費者群の包括的かつ定量的な調査が可能となる見込みが高い。ここに、あえて宝塚歌劇を対象とした超高関与消費者研究を行う本書の意義が存在するのである。

そしてこれらを究明することにより、マーケティング実務においても重要な示唆を提供できると考える。それはC to Cインタラクションを形成する超高関与顧客は、企業に新規需要を提供する可能性があるからであり、そのような顧客を獲得するには、どのような動機と自社ブランドの心理的な結びつきを形成すればいいのかを示唆できるからである。

本書のねらい

以上より、本書は宝塚歌劇の超高関与消費者を定量的に調査分析することで、既存研究で指摘されてきたさまざまな種類の超高関与消費者を包括的に探究できる点で、研究としての意義があると考える。またどのような超高関与消費者が、自身のヘビーユーズだけで完結するのではなく、ブランドを支援しつつ他者を誘うことで新規需要を創造するのかがわかれば、ブランド・マネジメントの実務にも大きなインプリケーションを提供できると考えられる。

これらを究明するカギは、動機による超高関与消費者の類型とその特徴の描写にある。しかしながら、まだ超高関与消費者のそれぞれの特徴が存在することを定量的に確認はしていない。また、そもそも超高関与消費者とはどのような人々であるのかについて定量的な把握はそれほど行われていない。したがって、第3章で超高関与消費者の典型としての宝塚歌劇ファンを捉えるために、宝塚歌劇団の歴史とシステムを概観したうえで、第4章では超高関与消費者の調査によって得られたデータをもとに、共通特性であるヘビーユーズ度合い、すなわち観劇回数によって顧客類型を行い、それぞれのプロファイリングを行う。そしてそのうえで、ヘビーユーズという共通特徴とコミュニティ消費や他者推奨などの個別特徴との関連の有無を検討する。さらに、第5章にて動機に基づく超高関与消費者の類型を行い、超高関与消費者の多様性とその要因が動機にある点を明らかにしていこう。

注

1 関与の対象がブランドのときは「ブランド・コミットメント」とも呼ぶが（Traylor, 1981; 青木、二〇〇四）、ここでは区別しない。

2 宝塚歌劇ファンへのヒアリング調査より。

3 本章では多様な読者層を想定しているため、なるべく容易な表現で簡潔に関与概念を説明してきた。関与概念の詳細については、青木・新倉・佐々木・松下（二〇一二）や西原（二〇一三）を参照。

4 和田（一九八四）や西原（二〇一三）でいういわゆる「認知に基づく関与」であり、価値観などの自己知識と製品知識の結びつきによって生じる関与である。このような関与は価値観と関連しているため、頑健であり安定性がある関与となり、関与対象に対して自己表現を求めるものとなる。このようなタイプの関与はブランド論との関連から、とくに消費者行動研究においてはとりわけ重要な関与として位置づけられてきている。

5　人によっては宝塚歌劇をアートに位置づけることも考えられるだろうが、アートに関する関与研究は非常に少ない（Slater and Armstrong, 2010）。したがって、もう一段階広範に対象を捉えて、レジャー研究における関与研究の流れのなかで、宝塚歌劇における超高関与消費者を位置づけることにする。

6　没入には“involvement”以外にも複数の表記が存在する。たとえば、“absorption”もとくにストーリーや物語に対する没入として使用されている。小山内・楠見（二〇一三）によると没入という現象を表す言葉は、“absorption”“being lost”“engagement”“involvement”などがあるようであり、それぞれ若干意味合いが異なるようであると同時に、邦訳も定まっていないようである。本章ではレジャー研究でみられるinvolvementのみを扱い、Csikszentmihalyi（1975）の邦訳にならい、これに没入という訳をあてることにする。

7　宝塚歌劇ファンの付随活動の詳細については、第3章を参照。

8　宝塚歌劇団にとっても『ベルサイユのばら』のヒットはファンを増加させるとともに、一つの転換期となっている。詳しくは第7章を参照。

9　ファン歴などのデータについては第4章を参照。

10　状況的関与を規定する要因はさまざまな分類がなされているが、Belk（1975）では状況要因を物理的環境（physical surroundings）、社会的環境（social surroundings）、時間的視点（temporal perspective）、先行状態（antecedent states）、課題定義（task definition）に分類している。たとえば時間的視点であれば忙しいときや時間があるときなどが考えられ、忙しいときは観劇という行動に対しての関与が低くなることなどが考えられる。

11　宝塚歌劇ファンは宝塚歌劇団の俳優のことを「生徒」と呼ぶ。

12　これは、後ほど紹介する堀田（二〇一一、二〇一二、二〇一三）が超高関与化へのカギであると指摘する、「深いアート体験」に相当すると思われる。

13　具体的には、ある劇場のメンバーシップ・プログラムの会員に対して調査を行っている。

14　没入について、Csikszentmihalyi（1975）の「フロー体験」を参考にしている。

第3章
宝塚歌劇団の歴史とシステム

はじめに

本章では、宝塚歌劇団のシステムおよび顧客組織について4節構成で紹介していく。第1節では宝塚歌劇団の変遷について述べる。第2節では宝塚歌劇団の事業展開について説明を行う。第3節では、宝塚歌劇団の特徴的なシステムである、宝塚音楽学校とスターシステムについて説明を行う。第4節では顧客組織としての私設ファンクラブに焦点を当て、私設ファンクラブとはどのような団体であり、どのような活動を行っているのかについて概説を行う。

1 宝塚歌劇団の変遷

宝塚歌劇の成り立ち

慶應義塾在学時代から芝居見物に時間を費やし、文学者を目指していた小林一三は、箕面有馬電気軌道創業（一九一〇〔明治四三〕年三月一〇日）から徹して、沿線での住宅地経営、動物園、遊園地経営など新しいアイディアを次々と実践し、旅客を増やすことに腐心してきた。すでに開業していた阪神電車、その後開業する京阪電車のような都市間を結ぶ鉄道の旅客ではない新しい旅客を創造するしかないとの危機意識からであった。

このような狙いにより小林一三は、乗客拡大策として宝塚新温泉（後の宝塚ファミリーランド）の開発を行った。宝塚新温泉は、当時としては新形式のレジャー・センターであり、「一般の家族連れ」が大阪から「日帰り」で行ける、「気軽で安くて楽しい」温泉が売りものだった。

小林一三の乗客数拡大策はこのように、大阪周辺に住む家族連れを郊外の宝塚に誘致するものであり、その基本理念は、できるだけ安い料金で家族揃って楽しめる「明るく、心地よく朗らかな娯楽施設」（和田、一九九九、七三頁）を提供するというものであった。

一九一一年五月に開業した宝塚新温泉は大阪市内に住む人たちのレクリエーションとしての憩いの場所として役割を担っていた。開業当初から女性をコア・ターゲットとして意識した小林は婦人化粧室、婦人休憩所などを設け女性や子どもの歓心を買うことを考えていた。さらに七月には最新式の水泳場（室内）を中心とした宝塚パラダイスが落成した。ところが、この水泳場は冷たすぎて使えないという事態に陥り、閉鎖せざるをえなくなった。

そこで、小林一三は当時人気のあった三越少年音楽隊を模して、三越の指導を受けつつ少女唱歌隊を結成した。指導者には上野音楽学校出身の安藤弘、智恵子（旧姓小室）夫妻を招いて発足した。三越少年音楽隊を模した理由は「宣伝価値満点であるという、イーヂーゴーイングから出発」（小林、一九九七、二三五頁）程度のもので、次々と開催された宝塚新温泉での各種博覧会の客寄せ催しの一つであった。

宝塚歌劇のはじまり

このように客寄せイベントとしての企画は、一九一四（大正三）年四月一日無邪気な歌劇『ドンブラコ』で始まった。公演までに約九カ月の練習を経て、行われた初演に際しては新聞広告を一〇面使い大々的な宣伝を行っていることからもわかるように、力の入った初演であった。

第一回公演は「『可愛い』、『いや味がない』、『美人がいる』」（宝塚歌劇団、一九六四、八九頁）と評判であり、大変な反響があったようである。観客席は連日大入りであったといわれている。

実はこの時期、小林一三は二重三重の危機的状況にあった。京阪電車をはじめとする他私鉄との大合同構想に伴う疑獄事件があり、さらに彼を大阪に招いた師ともいうべき岩下清周の経営する北浜銀行が支払い停止となった事件があった。これらの余波を避けるため、小林一三は一九一四～一五（大正三～四）年に歌劇の育成に専念した（小林、一九九七）。この黎明期に小林一三自らが育成に専念したことにより、宝塚歌劇はその評判が東京にいち早く伝わることになった。その後の東京進出の足がかりがすでにできつつあった。一九一八（大正七）年になると、東京の帝国劇場でも宝塚歌劇は公演を行い、連日売り切れとなったことがそれを証明している。

さらに当時購読者数ナンバーワンであった大阪毎日新聞社と組んで、大阪や神戸での公演を共同で行っている。大阪毎日新聞による連日の予告記事の成果はすばらしく、公演は連日満員の大盛況であった。これを契機として宝塚歌劇の人気も高まり、宝塚新温泉に宝塚歌劇を見るためだけに来る客が増加した。一九一九（大正八）年には宝塚歌劇の人気はますます高まり、温泉に入るためではなく宝塚歌劇を見るために宝塚新温泉に行くという逆転現象が顕著となる。劇場側も建物の増築などを行ったが追いつかず、二〇日前から予約をしなければ観劇できないほどであった。

一九二三（大正一二）年には公演する劇場が焼けたものの、翌二四年には収容人数四〇〇〇人もの大劇場を完成させた。東京にも一九三四（昭和九）年に三〇〇〇人規模の劇場の建設を行っており、大劇場スタイルを確立させた。

小林一三はあくまでもターゲットは家族連れとしたうえで「安くていいものを多くの人々に」という大衆を大事にする経営哲学から低料金制を行い、収益を保つために大型劇場での公演という二軸での体制を実現させている。

また、小林一三は宝塚歌劇を日本物であっても、西洋音楽を使って行うという、当時としては画期的な手法を採用していたが、上演演目に新しい息吹を加えさせるため、一九二六（大正一五）年から複数の演出家たちをヨーロッパに派遣して勉強をさせた。小林が宝塚歌劇を娯楽として位置づけ、日本を代表するエンターテインメント集団にする意気込みを感じることができる。こうして創られた演目が岸田辰彌の『モン・パリ』であり、白井鐵造の『パリゼット』である。いずれも大ヒットを記録し、宝塚レビューの誕生となった。宝塚歌劇の代名詞にもなっている日本初のラインダンスは、このときに踊られている。

宝塚歌劇の危機

このように順調に観客動員を伸ばしてきた宝塚歌劇であるが、第二次世界大戦時には国の命令により劇場閉館の憂き目にあう。戦後の一九四六（昭和二一）年には再開をするが、戦前には五〇〇名ほどいた生徒（専属の俳優を宝塚歌劇では生徒と呼ぶ）が戦後は二〇〇名と減少しており、新しい人材の確保が急務となる。戦後、宝塚劇場はアメリカ軍に移管されており、宝塚歌劇の公演内容にも影響を与えている。

日本物と呼ばれる日本的な時代劇的要素をもつ演目が極端に減らされる一方で、ジャズダンス、タップダンスの重要性が繰り返し説かれた（川崎、二〇〇五）。当時、宝塚歌劇はアメリカなどの西洋的な文化発信のメディアとして使われた節がある。

劇場の移管や生徒の減少など大きな損失を被った宝塚歌劇ではあるが、一九五一（昭和二六）年に公演された『虞美人』は観客数約三〇万人とこれまでの最高記録を更新し、宝塚歌劇復活を印象づけた。

その後、宝塚歌劇も日本経済と同様に順調に推移するかと思われたが、映画、テレビというニュー・メディアの波は宝塚歌劇を巻き込んでゆく。乙羽信子、越路吹雪、八千草薫などといった宝塚歌劇を代表するスターが次々と新たな世界での活躍を期して、退団をしている。

一九五七（昭和三二）年には阪急電鉄を創業し宝塚歌劇を創設した小林一三が死去する。八四歳であった。当時の『ニューヨーク・タイムズ』紙での見出しは「元閣僚、少女歌劇団創始者の死」となっており、小林一三がどれほど宝塚歌劇に尽力したのかが紹介されている（阪田、一九九一）。

小林一三の死後、一九六〇年代に入ると『華麗なる千拍子』など芸術賞を受賞する作品が続き、生徒だけでなく、作者の充実ぶりを窺わせた。しかしそのような努力も一部の熱心なファンを除き、新たなファンの獲得には至らなかった。当時、若手演出家であり、のちに『ベルサイユのばら』の演出を手がけた植田紳爾は、この当時を回想して「ガラガラで、つぶれると言われていた」（植田・川崎、二〇一四、一五八頁）と述べている。

『ベルサイユのばら』のヒット

そうしたなか、六〇周年を迎えた一九七四（昭和四九）年、宝塚歌劇は『ベルサイユのばら』というヒット作に恵まれる。『ベルサイユのばら』は池田理代子による漫画が原作で、雑誌『歌劇』のファンからの投書がきっかけであった。映画界の大スターで当時東宝の舞台で活躍していた長谷川一夫を演出に迎え、公演したところ会心のヒット作となった。いわゆるベルばらブームの到来である。これ以来、宝塚歌劇はチケットが取れない、取りにくいとの風潮が定着し、不況を知らないといえる。当時から宝塚歌劇に関わってきた筆者の実感である。

その後『ベルサイユのばら』は約二年にわたり公演を重ね観客動員数一四〇万人、全国ツアーでの観客動員数は一六〇万人となった。『ベルサイユのばら』がこれほどまでに人気が出た理由について宝塚歌劇団（一九八四）は、「題材が宝塚にぴったり」、「女心をひきつける要素があった」、「劇がファンにアピールした」などと分析をしている。

『ベルサイユのばら』の成功は、低迷していた宝塚の人気を一挙に高め、観客層を全国的なものへと広げた。また、興行成績の好転は宝塚歌劇の存在を確かなものとした。「各組のカラー、トップスターと娘役トップとのコンビを頂点とするスターシステム、組長副組長などの宝塚歌劇における管理職の役割、組に属さない専科の役どころ、スターとファンの関係など、現在の宝塚が『伝統』とみなしている制度の多くは『ベルサイユのばら』の熱狂の時代に形作られたものである」（植田・川崎、二〇一四、一六四〜一六五頁）との見解もある。これは、当時の理事長・小林公平が直接運営に関わったことが大いに影響していると思われる。

現在の宝塚歌劇の代名詞であるトップスターの羽根について、中本（二〇一一）は『ビンテージ・タカラヅカ』の松本晋一氏を引用しながら、一九七〇年代前半から劇のフィナーレで背負うようになり、「トップスター＝大きな羽根を背負うもの」という決まりごとが定着し始めたのが『ベルサイユのばら』がブレイクした一九七〇年代終わりから八〇年代はじめごろとの見解を示している。また、この時期にトップスターを頂点としたヒエラルキーの確立が行われてゆく。宝塚歌劇愛好会（二〇一四）に記載されている歴代トップの変遷は、一九八〇年から始まっており『ベルサイユのばら』以降であることがわかる。

宝塚歌劇団の変革：東京での専用劇場の確保

『ベルサイユのばら』のヒットは、この作品を取り上げた小林公平はじめプロデューサーによるところが多い。その結果、阪急のお荷物と呼ばれていた宝塚歌劇団が鉄道事業にその赤字補塡を委ねたスタイルから、徐々に脱却するための第一歩を踏み出した作品、時期であったともいえる。

宝塚歌劇団はこの後に事業本部制導入による独立採算をとらざるをえなくなり、宝塚歌劇団単体としての経営が阪急電鉄から求められてゆく。二〇〇〇（平成一二）年には公演のDVD販売を開始し、二〇〇二年にはタカラヅカ・スカイ・ステージ（CS放送）が開局している。また、インターネットでの映像公開も始まり、多様な形で収益を確保しようとしていることがわかる。

『ベルサイユのばら』『風と共に去りぬ』『エリザベート』など、現在も再演を繰り返す財産ともいうべきレパートリー作品をもつことになった宝塚歌劇団であるが、悲願の東京での通年公演の実施はなかなか進まなかった。一九三四（昭和九）年オープンした東京宝塚劇場では年間六〜七カ月は宝塚歌劇公演を行い、残りの月は山田五十鈴、森繁久弥、司葉子などの座長芝居を東宝主催で公演していた。しかしそれらの座長クラスの高齢化、劇場の老朽化などにより、東宝は劇場経営への熱意が薄れていた。阪急と東宝との間で新劇場計画が話し合われていたが、遅々として進まなかった。一時は舞浜地区に新劇場の移転も検討されていた節がある。しかし、機は熟し東京宝塚劇場の建て替えが決まり、その間の代替劇場として、旧東京都庁の跡地に「1000days劇場」を造り、仮設劇場とはいえ通年公演が実現することとなった。

そこで、一九九八（平成一〇）年に宝塚歌劇団は六五年ぶりに「宙組」の新設を行ったのである。確実な動員を見込める東京公演での収益を確保するために、これまでの四組体制から五組体制とした。東京宝塚劇場の客席稼働率は九九％前後であり、宙組によってさらに安定的な収益を見込めるようになっている。そして二〇〇一（平成一三）年一月一日、二一世紀を迎えるとともに、悲願であった新「東京宝塚劇場」での通年公演が実現したのである。

宝塚大劇場の座席数は二五五〇席、東京宝塚劇場は二〇六九席であるが、平日この劇場に人を集めようとすることは非常に難しい。それでも現在、宝塚歌劇は一回の公演で二〇万人の観客を動員し、拠点劇場の客席稼働率は宝塚八七～八九％、東京九九％前後と高い状態を保持し、年間観客動員数二七〇万人にものぼる日本有数の人気を誇る劇団になっているのは、本書のテーマである熱心なファン活動によって支えられているためであろう。

2 宝塚歌劇団の事業構成

このような高稼働率を誇る宝塚歌劇団の事業構成はどのようになっているのであろうか。現在の宝塚歌劇団は阪急阪神ホールディングス株式会社（ＨＨＨＤ）の事業の一部として行われている。宝塚歌劇の事業展開は、宝塚歌劇の公演（以下、公演という）を中心に、そこから派生する事業を含めての事業全体を意味している。

公演は阪急阪神ホールディングス傘下の事業会社である阪急電鉄株式会社（ＨＣ）の創遊事業本部・歌劇事業部が中心となって行っている。

まず阪急電鉄の事業を総覧しておきたい。

同社ウェブサイトの会社情報によれば、事業は大きく三つに分かれている。

(1)　都市交通事業：都市交通事業本部として大阪、神戸、宝塚、京都の阪急沿線を中心に鉄道事業を行うほか、自動車運送事業、流通事業を行っている。グループの中核をなす事業（「コア事業」）であり、グループ会社として阪急バス、北大阪急行電鉄など二六社がある。

(2)　不動産事業：不動産事業本部として不動産売買業、賃貸業、管理業など立地を生かした事業に加えてアセット・マネジメント、コンサルティング業務などを展開。グループ会社としては阪急不動産など三社がある。

(3)　エンタテインメント・コミュニケーション事業：創遊事業本部として宝塚歌劇・演劇などの「ステージ事業」と、宝塚歌劇、沿線情報などオリジナル性の高いコンテンツを出版・放送・インターネット・DVD等の媒体を通じて提供する「メディア事業」を行っている。グループ会社として梅田芸術劇場など三社がある。[1] なお、同事業の年間売上については有価証券報告書など発表資料には入場料、冠協賛料、CS放送、出版・DVDなどの売上からなるステージ事業として三三七億円が計上されている。

本書はとくに、宝塚歌劇団が所属するエンタテインメント・コミュニケーション事業に焦点を当てるものである。エンタテインメント・コミュニケーション事業は図３－１のようになっている。続いて、それぞれの事業部・組織について簡単に説明をしておこう。

(1)　HC創遊事業本部：HC創遊事業本部は公演事業全体のマネジメントを担うとともに、実施も担当している。冠スポンサー（東西のNTT、住友VISAなど）の対応も行っている。その

図 3-1 阪急電鉄(HC)エンタテインメント・コミュニケーション事業の構成

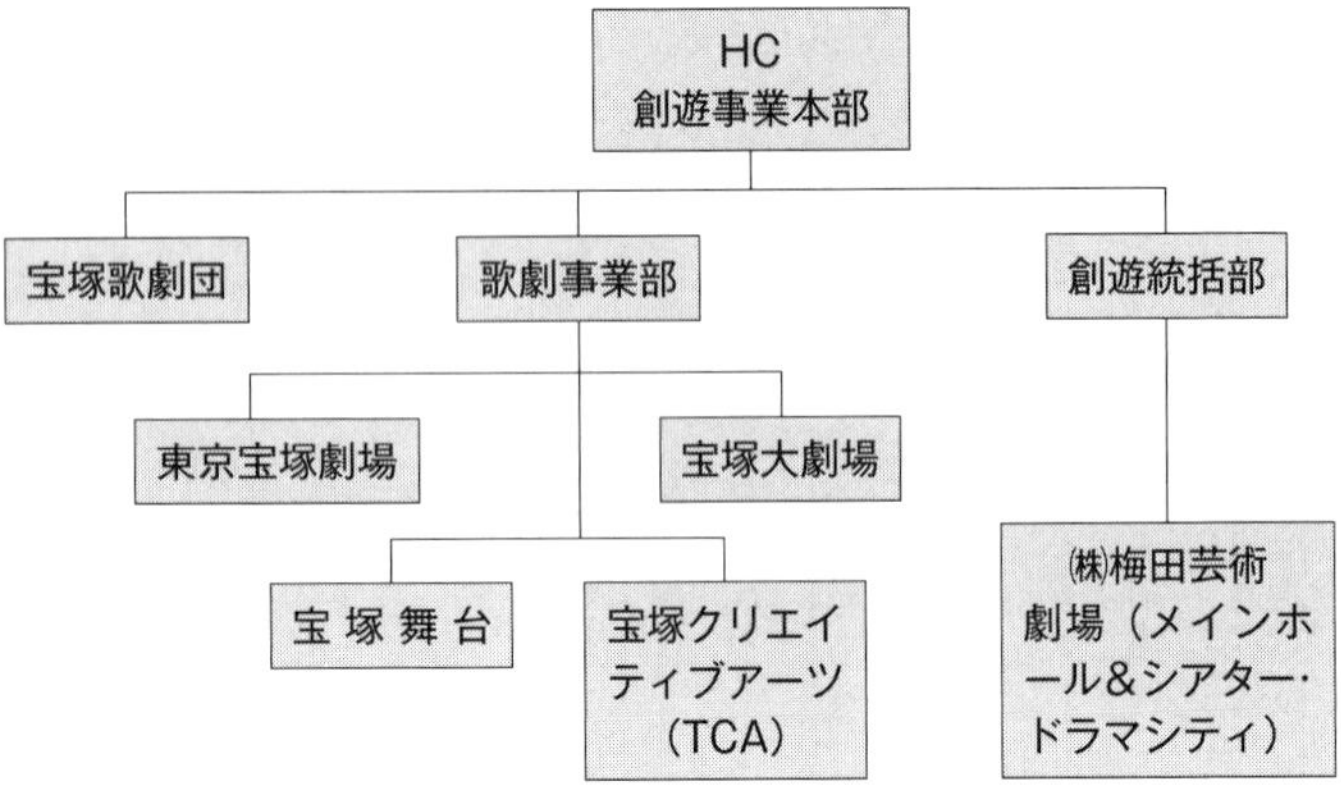

出所：筆者作成。

下に宝塚歌劇団、歌劇事業部、創遊統括部が位置づけられている。

(2) 歌劇事業部・創遊統括部：歌劇事業部は、宝塚大劇場および東京宝塚劇場、宝塚バウホールおよび東京特別公演、全国ツアーの一部（市川市文化会館、神奈川県民ホール、グリーンホール相模大野）の主催および実施も担う。さらに、中日劇場、博多座、梅田芸術劇場（メインホール、シアター・ドラマシティ）および全国ツアーへの「公演そのもの」の販売もその役割である。

宝塚舞台は宝塚大劇場および東京宝塚劇場などの公演における装置美術・衣裳・大道具・小道具の製作および舞台進行業務一式を行っている。

宝塚クリエイティブアーツ（ＴＣＡ）は、宝塚歌劇公演に伴って派生する二次使用の事業を担当する。主として商品開発、販売、配信である。さらに阪急コミュニケーションズの解散に伴い、関連出版物（公演プログラム、ファン向けの雑誌「歌劇」「宝塚グラフ」など）の編集、出版も行っている。

(3)　宝塚歌劇団：宝塚歌劇団は花・月・雪・星・宙・専科の生徒（俳優）約四〇〇人および演出家（兼作家）約四〇人、音楽スタッフ・美術および衣裳デザイナー、振付家などを有し、すべての公演の企画・制作を行っている。

このように阪急電鉄は事業部制を敷いており、その結果、看過できない問題を生み出しているといえる。「企画・制作」と「事業実施」を明確に分離し、役割と責任の範囲を明確に区分した結果、わかりやすい言い方をすれば「私、作る人」「私、売る人」となってしまい、新規顧客開拓などを目的とした成長戦略を構築し、企画する俯瞰的な役割を果たす部門の存在が希薄になっているように思われる。

3　宝塚歌劇団の制度

宝塚歌劇団の特徴

宝塚歌劇団には大きく二つの特徴的な制度がある。一つ目は宝塚音楽学校の存在である。二つ目は宝塚歌劇団のスターシステムである。

(1) 宝塚音楽学校

宝塚歌劇団が発足してから六年後の一九一八（大正七）年に、当時の文部省から認可を受け宝塚音楽学校が設立された。現在のところ、宝塚音楽学校の課程は予科・本科の二年制であり、音楽学校卒業生だけが宝塚歌劇団で演じることができる。

宝塚音楽学校は募集定員四〇名に対して入試倍率は例年二〇倍前後であり、受験資格は中学三年修了から高校三年修了までなので、合格するまで何度も挑戦する者もいる。

宝塚音楽学校のミッションは、以下のように謳われている。「宝塚歌劇団生徒の養成機関として、音楽、舞踊・演劇等の伎芸を練磨し、舞台人としての素養を修得させ、清純高雅な人格と教養を育て、立派な舞台人の育成に努めます。そのため、精神的にも肉体的にも厳しいレッスンに耐えられるよう訓練し、同時に躾教育も重視します」（同校ウェブサイト）。

このため宝塚音楽学校の生活は厳格である。「毎朝早朝の学校・稽古場の大掃除、上級生による指導などはよく知られている」（川崎、二〇〇五、一六五頁）。カリキュラムは、演劇、声楽、クラシックバレエ、日本舞踊、タップダンス、モダンダンスであり、放課後には希望者のみ高校単位取得の授業が用意されている。

宝塚歌劇団入団後は必ずしも宝塚音楽学校の成績順に配役が行われない。年次・成績を超えた抜擢が行われることもある。舞台には「華やかさ」が必要となるからであり、「宝塚歌劇史上に残る大スターとされる鳳蘭や天海祐希などは必ずしも成績が上位ではなかったにもかかわらず、早い時期にトップスターとなった」実例も存在する（和田、一九九九、八〇頁）。

(2) スターシステム

現在の宝塚歌劇はトップスターと呼ばれる男役を中心に、相手役である娘役トップ、二番手男役、ベテラン（入団年次順に上級生と呼ばれる）、若手の生徒（組子ともいう）で構成された五つの組（花組、月組、雪組、星組、宙組）がある。各組のトップスターの魅力度が、観客動員や人気において重要な役割を占めている。

これらの組が、本拠地の宝塚大劇場と東京宝塚劇場でほぼ一年中、交替で公演を担う。一つひとつの組に目を向けると、それぞれの組はトップスターと呼ばれる男役主役を中心に公演される。宝塚大劇場および東京宝塚劇場での公演は組単位で行う。これはスターシステムと呼ばれ、宝塚歌劇独自のスタイルである。ある程度の時期が来ると、二番手といわれる次期トップスターに交代するシステムである。これこそが新陳代謝が自然に進み、新しいスターを育てるスタイルであり、宝塚歌劇が今日まで隆盛してきた、大きなポイントである。

中本（二〇一二）によると、現在のようなトップスター・システムがしっかりと定着したのは、一九七四（昭和四九）年の「ベルばら」ブーム以降であるといわれている。

現在、宝塚歌劇団に入るすべての生徒はトップスターになりたいと夢見るが、実際にトップに就任できる確率はわずか二％程度である（「キミハ・ブレイク」二〇〇九年五月五日放映〔ＴＢＳ〕、宮本、二〇一二)。そのために激烈な競争と切磋琢磨が必要である。

宝塚ファンはトップスターへのプロモーションにはとても敏感になり、自分たちが応援する生徒がトップスターになれるように運営する宝塚歌劇団へのアピールとして、ファンクラブでの積極的な活動での盛り上げやグッズの売上などに貢献する姿がみられる。

顧客組織

(1) ファンクラブの組織特性

宝塚歌劇団は「宝塚友の会」という公式ファンクラブという顧客組織があり、約七万人の会員を有している。これは、歌劇団が設立した宝塚歌劇全体を愛好するファンのための会である。「宝塚友の会」は「宝塚歌劇全体を応援する」ということを目的としている。「宝塚友の会」は主にチケットの販売促進機能や情報提供機能を担っており、さらにチケットの先行販売や雑誌『歌劇』『宝塚GRAPH』の定期購読サービスを行っている。

一方、各生徒たちには、それぞれ個人的にご贔屓(ひいき)にしてくれるファンがおり、私設ファンクラブ(以下、ファンクラブ)を形成している。

トップスターのファンクラブであれば、通常は二〇〇〇人から三〇〇〇人のメンバーが所属していることが多い(宮本、二〇一二)。非公認ではあるものの、宝塚歌劇団というブランドにとっては非常に重要な支援組織となっている。応援する生徒のためにチケットを取って観劇したり、プライベートなサポートも行ったりしているようであるが、あくまでファンが集まってつくった私的なファンクラブであり、その活動の多くはファンのボランティアによって成り立っている。

芸能人の所属事務所が運営するファンクラブは、チケットの販売あっせんやグッズの販売などを目的に行われているが、宝塚の生徒のためのファンクラブはボランティアの要素が多い集団である。ボランティア・スタッフの数人から数十人が中心となって会を運営している。

ファンクラブの設立時期であるが、たとえば「路線の子（生徒）」といわれる将来のスター候補には、ご贔屓のファンが早い時期からいることが多い。学年が上がる度、新人公演などで目立つ役が付く度に、その数は増えていく。インタビューによれば、そろそろ、このファンを組織化（ファンクラブ化）するべきというタイミング（これはまさに阿吽の呼吸）で、トップ会（トップスターのファンクラブ）を通じて、トップスターに組織化の了解を取り、ファンクラブとして活動することになる。ファンクラブの代表には、その生徒からの信頼があり、生徒のために時間を使うことを惜しまない人が就任する。代表は時としていろいろな事情で交代することがあるが、卒業（退団）前後の慌ただしいときも、互いに一心同体となって対応していくことが多い。

ファンクラブの代表は生徒のマネージャー兼付き人のような役割（生徒の身の回りの世話、買い物や差し入れ、各方面への連絡）を担うことも多く、生徒がスターともなるとほとんど一年中、付き添う必要がある（宮本、二〇一二）。トップスターの会ともなると、会員が二〇〇〇人以上となり、さらにその組を取りまとめる役割も果たすため、ファンクラブの代表はリーダーシップとマネジメント力を求められる。

ファンクラブの代表がコンタクトを取るのは、宝塚歌劇団では各組にいる生徒監（通称おとうちゃん）のみのことが多い。またオフィシャルに生徒たちに優先的に配分されるチケット（生徒席）以外に、各々のファンクラブがメンバーのために必要なチケットを大量に購入（確保）するのであるが、この取引に関しては阪急の営業担当と直接行うこととなる。各組のファンクラブのリーダーは、例外なくその組のトップスターのファンクラブ代表が担う。それぞれの公演の事情（退団生徒への配券、空き席対応、貸し切り公演対応など）に応じて阪急の営業担当と協議していく。ここに大口団体先としての共存関係が存在しているわけである。

この団体先（ファンクラブ）との取引での扱い枚数が、その組のトップスターの人気度のバロメーターとして阪急のトップマネジメントに伝わっていくことになる。このことは、ファンクラブに大きなプレッシャーになっているのかもしれない。

他にも、ファンクラブの会報を発行する、ファンレターをまとめてスターに渡す、スターの名やサインを入れたバースデー・カードや年賀状、暑中見舞いの発行、公演ごとの挨拶状の送付などがあり、これらは膨大な作業はすべてボランティアで行われている。

このように非公認のファンクラブであるが、宝塚歌劇団の運営上今や欠かせない存在となっており、ファンクラブが宝塚歌劇団やそこに所属する生徒を支えているといっても過言ではないだろう。

しかしながら近年は負担の大きさゆえ、顧客のボランティア組織として運営するには限界が生じ始めているようである。われわれが行ったあるファンのインタビューによると、ボランティアではなく「雇われ会長」のような給与が出るファンクラブの会長職も出現し始めているようである。もちろんこれも、非公認であるため、宝塚歌劇団との直接的な関係はない。

ファンクラブには代表と、その下にスタッフが何名かいることが多い。スタッフの基本的な仕事は、チケットの確保と配券、生徒の入り待ち・出待ち、お茶会（親睦会）、会服・グッズの製作販売などであり、それぞれの仕事は宝塚ファン独特のルールが存在する（中本、二〇一二）。また、上記のような仕事はスタッフだけでなく、多くの会員がボランティアとして協力をしたり、グッズの購買などを行う。ファンクラブ会員がファンクラブへ自分の時間を犠牲にしてでも協力的な態度をとる理由は、ご贔屓の生徒にスターになってほしいという想いと、良席のチケットをファンクラブから受け取れる点にある。

このようなファンクラブのシステムを和田（一九九九）は、「スターの成長とファンの成長とが一体化する」（八五頁）場であると述べている。次に、宝塚ファンクラブの活動について宮本（二〇一二）を参考としながら概説を行う。

(2)　ファンクラブの活動

(1)　入り待ち・出待ち

「宝塚の生徒が公演や稽古で楽屋に入るときにファンが見送ることを『入り待ち』、楽屋から出てくることを『出待ち』という」（宮本、二〇一一、七五頁）。通常、楽屋入りは生徒それぞれの「出勤」時間に合わせて行われる。ファンクラブが生徒の入り時間を前日に聞き、それをファンに伝えて集まり、待機する。東京宝塚劇場では、劇場前の歩道に列をなして座り生徒の入りを見送る。宝塚大劇場では、生徒の後ろにファンがくっついて歩く姿が見受けられる。いずれの場合も、生徒はファンから手紙を受け取るなど短い交流が行われる。

公演後には一般ファンや観客も多く生徒を待っている。組織的な出待ちが必要になるのは、このような場合である。楽屋から出てくる生徒に野次馬が群がらないように、ファンクラブは公演終了後にいち早く決められた場所へ整列し、空けなければならない一般道を確保するように人垣をつくり、生徒を待つための「花道」を作るのである。

(2) ガード

ガードとは生徒の入り待ち・出待ち時に生徒を守ることである。かつて生徒がファンにもみくちゃにされるような混乱が起こったことから、安全を確保するために行われたことが発端である。このガードを組織的に行っているのがファンクラブである。ガードとはマネージャーのように円陣を組んで殺到するファンから生徒を守ることではなく、歩道などにファンクラブの会員が座って並び一般道の通行を妨げないようにしながら、生徒を見送ることである。

各ファンクラブは事前にどこに並ぶかが決まっており、スタッフたちはそれぞれの場所へ会員を誘導する。会員は指定場所に来たら、そこで会服を羽織(はお)る。会服の役割は単に「親衛隊の同胞意識やアピール」のためではなく、ガードをする役割を果たすという記号なのである。そのため、たとえファンクラブの会員でも会服を着ていない限りは一般人とみなされる。ガードのメンバーはまさに「ガード」するという名目によって生徒が通る道の最前列を位置取ることが暗黙のうちに許され、一般客はガードの後ろに立たなければならないのである。ガードは生徒を見かけるとすぐに座ることになっている。雨の日や雪の日は後ろの一般客にも生徒が見えるように自主的に傘を閉じるなどの配慮もみせる。

ファンクラブにとっては、ガードに参加するファンクラブの会員数も重要になる。ガードの人数は生徒のファン数と比例すると考えられているため、生徒の人気バロメーターと捉えられやすい。とくにトップスターのファンクラブは各組の代表となるため、その組の全体の人気や集客イメージに結びつく。こうした理由から、各ファンクラブはガードに会員を多く集めるように努力している。

(3)　お 茶 会

ファンクラブは独自のイベントを企画して、生徒と会員の橋渡しを行う。その典型が「お茶会」と呼ばれる行事である。これは、ホテルや会館などを使って行う生徒とファンの交流会という側面をもつ。「お茶会は、基本的に生徒を囲む会合であり、普段は舞台上でしか見ることができない生徒のオフの姿を見ることができる」（宮本、二〇一一、八三頁）。そのため、会員が集まりやすいイベントであり、人気のあるスターであれば一〇〇〇人以上の参加者がある。

内容は、事前に集められた会員の質問用紙からスタッフが選んだものを質問し、生徒が答えるというものである。質問は舞台に関するものから、オフの過ごし方、楽屋やお稽古中のエピソードも人気である。こうした質問や生徒との簡単なゲーム、サイン入りグッズのプレゼント抽選などがお茶会の主な内容である。

(4) 会服・グッズ

登録したファンクラブが必ず行うことの一つに、会服（ウェア）作りがある。ファンクラブごとに毎公演、ユニフォームの制作を行う。会員が会服を着なければならないのはガードなどの際だが、スタッフは基本的に、劇場周辺で業務を行う際には常に会服を着用している。並びやチケットを渡す際など、会員にとって自分の会のスタッフがどこにいるかわかるようにすることも重要であり、会服は目印となる。

オリジナル・グッズの製作も、ファンクラブの特徴であり重要な役割でもある。主なグッズは生徒の写真、千社札、メモ帳、ストラップなどがあり、たいていは公演ごとに販売される。また、われわれが行ったインタビューでは、グッズの売上などを退職金代わりにファンクラブが生徒に渡すという習慣も一部にあるようである。

注

1　阪急コミュニケーションズを解散して、宝塚歌劇に関連するコンテンツ（ファン向け雑誌、公演プログラムなど）の出版部門は宝塚クリエイティブアーツに移管することになった。

第4章

超高関与消費者群像としての宝塚歌劇ファンの実像

❁はじめに

第2章では、超高関与消費者の多様性を把握するために、宝塚歌劇ファンの調査をする意義を指摘し、そして第3章では宝塚歌劇団の歴史とシステムを概観してきた。では、実際の宝塚歌劇ファンはどのような人たちで、どのようなファン行動（消費行動）を行っているのだろうか。

本章では、宝塚歌劇ファンの実態を定量的に把握するために、二回のアンケート調査により得られたデータをもとにして、宝塚歌劇ファンのプロファイリングを行う。プロファイリングは宝塚歌劇ファンを年間観劇回数でグループ分けしたうえで実施する。年間観劇回数は超高関与消費者の特徴であるヘビーユーズ度を意味するため、年間観劇回数が多いファンを超高関与消費者とみなすことで、その実像を描写できると考えられるからである。そしてプロファイリング後はグループ間の比較を行う。とくにブランド支援行動、コミュニティ消費、C to Cインタラクションに関連するファン行動について比較することで、超高関与消費者の需要創造側面を確認したい。

では、われわれが実施した一つ目の調査の概要と導出されたプロファイルをみていこう。

1 潜在顧客、ライト観劇者、ミドル観劇者のプロファイリング

調査1の概要

第一回目の調査では、二〇一二年二月に株式会社ボーダーズ（現・株式会社マーケティングアプリ

ケーションズ）のパネルに対してウェブを通じてアンケート調査を行った。調査対象は関東[1]と関西[2]に住む一〇代～六〇代の男女であり、「宝塚歌劇のファンである」という質問項目でスクリーニングをかけた。すなわち、自分自身を宝塚のファンであると認識している人が今回の分析対象となる。対象者は三五〇人とした。

調査項目は性別や職業などの個人特性[3]、宝塚歌劇団の年間観劇回数（宝塚大劇場、東京宝塚劇場、その他の劇場）、宝塚関連の年間消費支出額、宝塚歌劇の鑑賞歴[4]、宝塚歌劇団以外の芸術の鑑賞経験・鑑賞習慣・ファン意識の有無、宝塚歌劇鑑賞のきっかけ、好きな組、ファンになった生徒数、ファンクラブへの参加経験の有無、お茶会への参加経験の有無、宝塚きっかけの友人の数、スカイ・ステージ（宝塚歌劇専用ＴＶチャンネル）への加入、宝塚友の会への加入の有無などである。また宝塚歌劇の消費動機についても設問を設けてリッカート７点尺度で聞いている。動機の分析については第５章にて行う。

顧客の分類

第２章でみたように、超高関与消費者に共通してみられる特徴としてはヘビーユーザーである点が挙げられる。したがって、ここでは年間観劇回数[5]により顧客分類を行う。具体的には年間観劇回数が〇回である潜在顧客、一～三回であるライト観劇者、四～九回であるミドル観劇者、一〇回以上であるヘビー観劇者と分類した。

表 4-1 観劇回数別被験者数

	度数	構成比率
潜在顧客 (0 回)	74	21.1%
ライト観劇者 (1 ～ 3 回)	173	49.4%
ミドル観劇者 (4 ～ 9 回)	73	20.9%
ヘビー観劇者 (10 回以上)	30	8.6%
合計	350	100%

出所：調査 1 より作成。

潜在顧客は、劇場での定期的な年間の観劇習慣はないものの、数年に一度は劇場で観劇したり、テレビやDVD等のメディアによって宝塚歌劇団を鑑賞したりしている顧客層であると想定している。宝塚歌劇団のファンではあると認識しているものの、劇場での年間単位での鑑賞習慣はないため、今後、劇場で年間を通じた定期的な鑑賞を行う可能性がある顧客という意味を込めて、潜在顧客とここでは呼ぶことにしよう。

潜在顧客以外の顧客群は一年以内の定期的な劇場での観劇習慣がある顧客層である。それぞれを区分する年間観劇回数は、以下のような観劇習慣を表す数値となる。

ライト観劇者を区分する一～三回という年間観劇回数は、劇場での定期的な鑑賞経験があり、好きな一～二組に対してそれぞれ一～二回は鑑賞するような回数となる。一方で、ヘビー観劇者を区分する一〇回以上という年間観劇回数は、すべての組のすべての公演を一度は鑑賞できる観劇回数である。前述のとおり、宝塚歌劇団は花組・月組・雪組・星組・宙組の五つの組があり、それぞれが一年間で二公演ずつ公演を行う。したがって、組と公演のすべてを制覇するには五組×二公演で一〇回の観劇回数が最低限必要となる。宝塚歌劇のすべての公演を観劇しているのであれば、スターだけではなく宝塚歌劇自体も好きであり、そのファンを宝塚歌劇のヘビー観劇者と呼んでも問題ないだろう。

また、宝塚のファンにはスターにハマっていて、スターを見るために宝塚歌劇を鑑賞する層が存在する。そのようなスター消費を行うファンであれば、一〇回という年間観劇回数は、好きなスターが所属する組について全二公演を五回ずつ鑑賞することになる。宝塚歌劇自体にハマっているファンとしてみても、スター消費を行うファンとしてみても、年間一〇回という観劇回数はヘビー観劇者としてみなすことに違和感はないだろう。そして、ミドル観劇者はライト観劇者とヘビー観劇者の間のファンを指す。

以上のような区分を行った結果、それぞれの人数は表４－１のようになった。ライト観劇者がほぼ半数であり、潜在顧客とミドル観劇者がそれぞれ二割程度、ヘビー観劇者は一割弱となった。今回の調査ではヘビー観劇者のサンプルが少ないため、ミドル観劇者までのプロファイリングを行うことにした。ヘビー観劇者については追加的な調査を行い、そこでプロファイリングを行うことにしよう。

ではまず、潜在顧客からミドル観劇者までをみていこう。

図 4-1 潜在顧客の主な回答とその比率

顧客特性

・性別：女性（51％），男性（49％）
・年齢：40 代（28％），30 代（27％）
・居住地域：関東（51％），関西（49％）
・居住状況：家族・配偶者と同居（88％）
・家族の宝塚ファン：あり（51％）
・婚姻：既婚（66％）
・子ども：いる（62％）
・学歴：大卒以上（45％），高卒（41％）
・職業：会社員（37％），専業主婦（28％）
・月の小遣い：5 万円未満（76％）

芸術鑑賞特性

・劇場での鑑賞経験がある舞台芸術：その他演劇・ミュージカル（43％），劇団四季（23％）
・宝塚に加えファンである舞台芸術：劇団四季（55％）
・宝塚以外の芸術鑑賞習慣：映画（69％），演劇・ミュージカル（41％），絵画・彫刻（38％）

宝塚歌劇鑑賞行動

・きっかけ：テレビでの公演放送（57％）
・宝塚ファンがきっかけの友人の数：0.6 名
・好きな組：とくにない（54％）
・鑑賞歴：9.1 年
・ファンになった生徒数：2.2 名
・顧客組織など：ファンクラブ未加入（95％），お茶会参加経験なし（92％），宝塚友の会未加入（93％），スカイ・ステージ未加入（91％）
・年間平均観劇回数：0 回
・年間平均支出：1.7 万円（うちチケット代：0.7 万円，グッズ代：0.3 万円，交際費：0.4 万円，旅費・交通費：0.4 万円）

出所：調査 1 より作成。

潜在顧客のプロファイリング

潜在顧客は関東や関西に住む三〇代〜四〇代の人々である。性別は男女半々であり、女性が若干多い。最終学歴は大学卒や大学院卒もしくは高卒で、現在は会社員や専業主婦をしている。結婚はしており、子どももいて家族と同居している。また、家族に宝塚ファンがいることが多い。月のお小遣いは五万円未満である。

宝塚歌劇以外の舞台芸術の劇場などでの鑑賞経験はそれほど多くない。強いていえば、宝塚歌劇団と劇団四季以外の演劇やミュージカル（以下、その他演劇・ミュージカル）を鑑賞しに行ったことがある程度である。劇団四季は直接鑑賞しに行ったことはないものの、自分自身は劇団四季のファンであると思っている。テレビやビデオやＤＶＤなどのメディアを通じて劇団四季を鑑賞し、ファンになったようである。同様に宝塚歌劇自体も年間鑑賞回数は○回であるものの、自身をファンと認識し鑑賞歴も長いことから、以前は直接劇場で鑑賞していたが、現在は何らかの理由により劇場での鑑賞を行っておらず、各種メディアを通じてファンとして鑑賞し続けているようである。したがって、現在の彼女ら・彼らにとって舞台芸術は直接鑑賞するものではなく、間接的に鑑賞するものであるようである。宝塚歌劇以外の芸術鑑賞習慣としては、映画が多く、演劇・ミュージカルや絵画・彫刻も鑑賞する習慣がある。

宝塚歌劇を鑑賞したきっかけはテレビの公演放送である。それ以来、劇場での鑑賞経験はないものの、各メディアを通じて九年程度の鑑賞歴をもつ。これまでにファンになった生徒数は二名程度であり、好きな組はとくにない。ファンクラブ、スカイ・ステージ、宝塚友の会にも未加入である。宝塚ファンであることがきっかけの友人はほとんどいない。宝塚歌劇に関連する年間支出は一・七万円程度である。

これらの論拠となる調査結果は図４‐１のとおりとなる。

❀ ライト観劇者のプロファイリング

ライト観劇者は四〇代～五〇代の女性である。関西にも関東にも同程度居住しているが、関西のほうが若干多い。最終学歴は大学卒や大学院卒であり、現在は会社員や専業主婦となっている。結婚しており子どももいる。家族と同居し、家族のなかに宝塚のファンがいる。月の小遣いは五万円

図 4-2 ライト観劇者の主な回答とその比率

顧客特性

・性別：女性（72％）
・年齢：40 代（29％），50 代（24％）
・居住地域：関西（54％），関東（46％）
・居住状況：家族・配偶者と同居（93％）
・家族の宝塚ファン：あり（69％）
・婚姻：既婚（72％）
・子ども：いる（64％）
・学歴：大卒以上（45％）
・職業：会社員（34％），専業主婦（32％）
・月の小遣い：5 万円未満（73％）

芸術鑑賞特性

・劇場での鑑賞経験がある舞台芸術：その他演劇・ミュージカル（66％），劇団四季（62％），能・狂言・歌舞伎（43％）
・宝塚に加えファンである舞台芸術：劇団四季（51％）
・宝塚以外の芸術鑑賞習慣：映画（85％），演劇・ミュージカル（69％），絵画・彫刻（54％），クラッシック音楽（38％），ポピュラー音楽（37％）

宝塚歌劇鑑賞行動

・きっかけ：家族および親類（48％）
・一緒に劇場に行く人：友人（50％），親・兄弟・親族（32％），誰かと行く（92％）
・宝塚ファンがきっかけの友人の数：1.0 名
・好きな組：とくにない（46％），月組（27％），花組（23％）
・鑑賞歴：13.3 年
・ファンになった生徒数：2.9 名
・顧客組織など：ファンクラブ未加入（93％），お茶会参加経験なし（88％），宝塚友の会非加入（91％），スカイ・ステージ未加入（92％）
・年間平均観劇回数：1.8 回（うち宝塚大劇場：1.1 回，東京宝塚劇場：0.6 回，その他：0.1 回）
・年間平均支出：2.8 万円（うちチケット代：1.5 万円，グッズ代：0.4 万円，交際費：0.4 万円，旅費・交通費：0.6 万円）

出所：調査 1 より作成。

未満である。

宝塚歌劇以外で劇場での鑑賞経験がある舞台芸術は、その他の演劇・ミュージカル、劇団四季、能・狂言・歌舞伎である。潜在顧客と比較して、舞台芸術の劇場での鑑賞経験は豊富である。上記の舞台芸術のなかでも劇団四季については自身をファンであると認識している。宝塚歌劇以外の芸術鑑賞習慣としては映画、演劇・ミュージカル、絵画・彫刻、クラッシック音楽、ポピュラー音楽を鑑賞している。これも、潜在顧客と比較して多くの芸術関連カテゴリーの鑑賞習慣をもっていることが窺え、芸術関連消費に関して潜在顧客よりも消費量が多いと思われる。

ライト観劇者の鑑賞歴は一三年程度であり、人生の五分の一から四分の一の期間は宝塚を鑑賞している。宝塚歌劇の鑑賞のきっかけは、家族および親類である。前述のとおり、彼女らには親族や親類の宝塚ファンがおり、そこから影響を受け宝塚歌劇を鑑賞し始めているようである。これまでにファンになった生徒数は三名程度で、好きな組はとくにないが、強いていえば月組や花組が好きである。ファンクラブや宝塚友の会などの顧客組織に関しては現在は未参加である。また、お茶会の参加経験もない。年間の平均鑑賞回数は二回程度で、年間平均支出は二・八万円、うちチケットが半分程度を占めている。宝塚歌劇を劇場に鑑賞しに行くときは誰かと一緒に行き、主に友人と行くことが多い。親・兄弟・親族と行くこともあるが、友人と行くことよりもやや少なく、スカイ・ステージにも未加入であることから、自分が家族や親族に対してきっかけとなることはやや少ないようである。なお、宝塚ファンがきっかけの友人は一名おり、宝塚歌劇を中心とした顧客間インタラクションも行っているようである。

上記のプロファイリングの論拠となるデータは図４－２のとおりである。

ミドル観劇者のプロファイリング

ミドル観劇者は関東に住み三〇代～五〇代の女性であり、潜在顧客やライト観劇者と比べて、若干、年齢層が幅広い。最終学歴は大学卒や大学院卒であり、現在は会社員となっている。結婚をしており、子どももいて家族・配偶者と同居している。月の小遣いは五万円未満がほとんどであるが、五万円以上一〇万円未満の人々も多く存在している。潜在顧客やライト観劇者と比べて会社員であることが多いためか、自由となるお金も多いようである。

図 4-3 ミドル観劇者の主な回答とその比率

顧客特性

- 性別：女性（62%）
- 年齢：30 代（32 %），40 代（23 %），50 代（22%）
- 居住地域：関東（60%）
- 居住状況：家族・配偶者との同居（92%）
- 家族の宝塚ファン：あり（88%）
- 婚姻：既婚（71%）
- 子ども：いる（59%）
- 学歴：大卒以上（58%）
- 職業：会社員（53%）
- 月の小遣い：5 万円未満（52%），5 万円以上 10 万円未満（37%）

芸術鑑賞特性

- 劇場での鑑賞経験がある舞台芸術：劇団四季（80%），その他演劇・ミュージカル（66%），バレエ（59%），能・狂言・歌舞伎（58%），オペラ（44%）
- 宝塚に加えファンである舞台芸術：劇団四季（51%）
- 宝塚以外の芸術鑑賞：演劇・ミュージカル（86%），映画（85%），絵画・彫刻（56%），クラッシック音楽（55%），ポピュラー音楽（51%），バレエ（37%）

宝塚歌劇鑑賞行動

- きっかけ：家族および親類（63%），テレビでの公演放送（38%）
- 一緒に劇場に行く人：友人（67%），一人（48%），伴侶・恋人（37%），誰かと一緒に行く（88%）
- 宝塚ファンがきっかけの友人の数：2.6 名
- 好きな組：とくにない（21%），花組（48%），月組（43%）
- 鑑賞歴：13.5 年
- ファンになった生徒数：5.0 名
- 顧客組織など：ファンクラブ未加入（64%），お茶会参加経験なし（57%），宝塚友の会未加入（60%），スカイ・ステージ未加入（60%）
- 年間平均観劇回数：5.7 回（うち宝塚大劇場：3.0 回，東京宝塚劇場：2.2 回，その他：0.6 回）
- 年間平均支出：11.0 万円（うちチケット代：5.0 万円，グッズ代：1.8 万円，交際費：1.5 万円，旅費・交通費：2.7 万円）

出所：調査 1 より作成。

宝塚歌劇以外の舞台芸術で直接劇場において見たことがあるものとしては、劇団四季、その他演劇・ミュージカル、バレエ、能・狂言・歌舞伎、オペラがある。潜在顧客やライト観劇者よりも舞台芸術の直接的な鑑賞経験は豊富である。これらのうち劇団四季についてはファンであると思っている。宝塚歌劇以外の芸術鑑賞習慣は、演劇・ミュージカル、映画、絵画・彫刻、クラシック音楽、ポピュラー音楽、バレエが挙げられる。芸術鑑賞習慣についても、潜在顧客やライト観劇者と比べて、非常に多くのカテゴリーについて鑑賞習慣をもっている。舞台芸術の鑑賞経験が豊富なことや多岐にわたる芸術の鑑賞習慣があることから、ミドル観劇者は芸術全般に対する関与が相対的に高いことが窺える。

ミドル観劇者の宝塚歌劇鑑賞歴は一四年程

度であり、きっかけは家族および親類、テレビでの公演放送である。宝塚歌劇は劇場で年間六回程度鑑賞する。劇場には友人や伴侶・恋人と一緒に行くことが多く、一方で一人でも鑑賞に行くこともある。ただし、一人でしか鑑賞しに行かない人はまれである。潜在顧客やライト観劇者には一人で宝塚歌劇を劇場に鑑賞しに行くことはみられなかったが、ミドル観劇者や後述するヘビー観劇者は一人で鑑賞しに行くこともあるようである。これまでにファンとなった生徒数は五名であり、好きな組は花組と月組である。潜在顧客やライト観劇者と比べて好きな生徒が多く、好きな組があることが特徴的である。ファンクラブや宝塚友の会といった顧客組織については未加入であり、お茶会にも参加したことがなく、宝塚歌劇はあくまで劇場で鑑賞するだけのものとして消費しているようである。また、スカイ・ステージにも未加入であるし、宝塚ファンがきっかけの友人は三名程度いる。宝塚関連支出は年間一一万円であり、うちチケット代が五万円、旅費・交通費が二・七万円、グッズ代が一・八万円、交際費が一・五万円である。

上記のプロファイリングの論拠となるデータは、図４－３のとおりである。

２　ヘビー観劇者のプロファイリング

以上、ミドル観劇者までのプロファイリングをみてきたが、ヘビー観劇者については先の調査データでは十分なサンプルが得られなかった。そこで追加調査（以下、調査２）を行い、そこで得られたデータをもとにヘビー観劇者のプロファイリングを行った。

調査2の概要

調査は宝塚歌劇のファンが集うチケット交換サイトにて、アンケートにより実施した。同サイトでは宝塚歌劇団のチケットを扱っているため、前の調査よりヘビーなファンにアクセスできると考えた。調査は二〇一三年一月に実施され、同ウェブサイト上に調査協力の広告を掲載してアンケートを記載したページへ回答者を誘導し、そこで回答を行う形式をとった。結果的に一三四名の回答を得ることができた。調査項目は調査1と同様である。なお、回答の九六%は女性であるため、以下のプロファイリング結果はすべて女性となる。

ヘビー観劇者の分類

ヘビー観劇者かどうかは、調査1と同様に年間観劇回数によって判断した。前述のとおり今回は観劇回数が一〇回以上のファンをヘビー観劇者としているが、さらにそのヘビー観劇者を三つに分類した。一〇～一九回の被験者をライト・ヘビー観劇者（以下、Lヘビー観劇者）、二〇～二九回をミドル・ヘビー観劇者（以下、Mヘビー観劇者）、三〇回以上をスーパー・ヘビー観劇者（以下、Sヘビー観劇者）として分類している。

前述したとおり、宝塚歌劇の消費のタイプにはスターにハマる場合と宝塚歌劇自体の消費がある。

表 4-2　観劇回数別被験者数

	度　数	構成比率
潜在顧客（0 回）	1	0.7%
ライト観劇者（1 ～ 3 回）	4	2.9%
ミドル観劇者（4 ～ 9 回）	38	27.9%
Ｌヘビー観劇者（10 ～ 19 回）	50	36.8%
Ｍヘビー観劇者（20 ～ 29 回）	19	14.0%
Ｓヘビー観劇者（30 回以上）	24	17.6%
合　計	136	100%

出所：調査２より作成。

一〇回という観劇回数は、五組それぞれの二公演すべてを鑑賞することに必要な最少観劇回数となる（五組×二公演＝一〇公演）。全公演を鑑賞するということは、スターではなく宝塚歌劇に対してヘビーであるということができるだろう。またスターにハマっている場合でも、そのスターがいる組の全公演二回を五回見ることになる。したがって、これはスターにハマっているのだが、ヘビーな鑑賞といえるだろう。三〇回は、全公演を三回ずつ観劇するために必要な最少観劇回数となる。ヘビー観劇者のヒアリングにおいて、一公演に対し複数回鑑賞することが多くの被験者から聞き取れている。なかでもとくにヘビーなファンは「初日と中日と千秋楽を観劇する」という証言が複数回得られているため、一公演当たり三回という観劇回数は一つの区切りとなると考えられる。仮にある組のスターにハマっているのであれば、その組のすべての公演（二公演×一五回）

を見ていることになる。なお、二〇回はこれらの区切りの中間点であり、全公演を二回以上観劇する場合に必要な最少観劇回数となる。

このような基準により分類を行った結果、調査2の顧客分類とその構成は、表4-2のとおりとなった。当分類ではMヘビーがやや少なくなってしまうが、やはりLヘビーを一〇回以上、Sヘビーを三〇回以上とした理由が重要であるため、当分類を採用した。

以下、それぞれのヘビー観劇者の典型的な例をプロファイリングし、述べていく。

Lヘビー観劇者のプロファイル

Lヘビー観劇者は東京圏に住む四〇代の女性である。結婚はしている人のほうが多く、子どもはいない人のほうが多い。また家族と同居しており、自分以外の宝塚ファンが家族にいる。最終学歴は大学卒や大学院卒、もしくは短大卒で、現在は正社員として働いていたり、パート・アルバイトとして家計を支えていたりする。月のお小遣いは五万円未満であり、ミドル観劇者と比べて若干少ない。

宝塚歌劇以外の舞台芸術については、その他の演劇・ミュージカル、劇団四季、バレエ、能・狂言・歌舞伎も実際に劇場などで鑑賞した経験がある。ミドル観劇者よりも若干舞台芸術の直接的な鑑賞経験は少ないが、潜在顧客やライト観劇者よりも若干多い。これらの舞台芸術のうち、その他の演劇・ミュージカルについても自分自身はファンであると認識している。宝塚歌劇以外の一般的

図4-4　Lヘビー観劇者の主な回答とその比率

顧客特性

- 年齢:40代(40%)
- 居住地域:関東(54%)
- 居住状況:家族・配偶者と同居(84%)
- 家族の宝塚ファン:あり(68%)
- 婚姻:既婚(52%)
- 子ども:いない(60%)
- 学歴:大卒以上(44%),短大卒(26%)
- 職業:会社員(26%),パート・アルバイト(24%)
- 月の小遣い:5万円未満(62%)

芸術鑑賞特性

- 劇場での鑑賞経験がある舞台芸術:その他演劇・ミュージカル(82%),劇団四季(71%),バレエ(56%),能・狂言・歌舞伎(48%)
- 宝塚に加えファンである舞台芸術:その他演劇・ミュージカル(40%)
- 宝塚以外の芸術鑑賞習慣:演劇・ミュージカル(72%),映画(68%),絵画・彫刻(48%)

宝塚歌劇鑑賞行動

- きっかけ:家族および親類(34%)
- 一緒に劇場に行く人:一人(76%),友人(50%),誰かと行く(72%)
- 宝塚ファンがきっかけの友人の数:3.5名
- 好きな組:花組(40%),星組(38%)
- 鑑賞歴:17.1年
- ファンになった生徒数:3.5名
- 顧客組織など:ファンクラブ未加入(86%),お茶会参加経験あり(54%),宝塚友の会未加入(58%),スカイ・ステージ(48%)
- 年間平均観劇回数:13.7回(うち宝塚大劇場:5.0回,東京宝塚劇場:5.9回,その他:2.8回)
- 年間平均支出:19.2万円(うちチケット代:12.2万円,グッズ代:1.8万円,交際費:0.8万円,旅費・交通費:4.3万円)

出所：調査2より作成。

な芸術鑑賞については演劇・ミュージカル、映画、絵画・彫刻も鑑賞することがある。芸術鑑賞習慣もミドル観劇者よりも少ないが、ライト観劇者と同程度である。

宝塚歌劇を鑑賞し始めたのは、家族および親類がきっかけとなっている。鑑賞歴は一七年と他の顧客分類と比べて相対的に長い。年代を考えると人生の半分程度は宝塚を鑑賞し続けていることになる。宝塚歌劇を鑑賞しに行くときは一人でも行くことも多いが、友人と行くことも多い。家族によって宝塚ファンになり、友だちとともに劇場へ行っているようである。

好きな組は花組と星組で、これまでファンになった生徒の数は六名程度ある。ファンクラブには現在加入していないが、お茶会には参加経験がある。ミドル観劇者は劇場での鑑賞が主な宝塚歌劇の消費行動であったが、Lヘビー観劇者以上は鑑賞以外の宝塚関連消費を行っている点で特徴がある。宝塚のファンであることがきっかけで仲良くしている友人は平均で三～四人程度おり、ミドル観劇者よりも多い。これは、長期的な鑑賞歴をもち、またお茶会などの交流イベントにも参加しているからであろう。しかし、ファンクラブには現在は加入していない。スカイ・ステージや宝塚友の会には半分弱の人が加入している。家庭での鑑賞や宝塚歌劇情報の情報探索を積極的に行っていることが窺える。

上記のプロファイリングの論拠となるデータは図4－4のとおりである。

年間平均観劇回数は一四回程度で、宝塚大劇場は五回、東京宝塚劇場は六回、地方公演やバウホールなどのその他の公演は三回である。その他の公演について一度以上あるのはヘビー観劇者の特徴であり、地方公演もわざわざ遠征して鑑賞しに行っているようである。宝塚に関連する年間平均支出額は一九・二万円で、うちチケット代が一二・二万円、グッズ購入代が一・八万円、交際費が〇・八万円、交通費・旅費が四・三万円である。

Mヘビー観劇者のプロファイル

Mヘビー観劇者は関東在住の二〇代、もしくは四〇～五〇代の女性である。二〇代が他のヘビー観劇者よりも多いことがこの顧客層の特徴である。既婚者よりも独身者が多く、子どもがいない人のほうが多い。居住状況としては家族や配偶者と同居しており、やはり自分以外の家族に宝塚ファンがいる。最終学歴は大学卒や大学院卒が多く、次いで高卒や短大卒の人も一部存在する。現在は会社員として働いている。一カ月の小遣いはＬヘビー観劇者と同様で五万円未満がほとんどであり、自由となるお金はそれほど多くはない。

他の舞台芸術としては、劇団四季、その他の演劇・ミュージカル、能・狂言・歌舞伎を実際に鑑賞しに行った経験があり、相対的に他のヘビー観劇者よりも直接的な鑑賞経験がある舞台芸術は少なく、このような意味において他のヘビー観劇者よりも鑑賞経験の幅は狭いようである。宝塚歌劇に加えてその他の演劇・ミュージカルのファンでもある。宝塚歌劇以外の一般的な芸術鑑賞行動については映画、演劇・ミュージカル、絵画・彫刻、ポピュラー音楽についても鑑賞している。ポピュラー音楽は、ヘビー観劇者のなかでこのＭヘビー観劇者のみがよく鑑賞している。

宝塚歌劇を見始めたきっかけは、家族および親類となっている。それ以来一一年の鑑賞歴をもち、年齢層が若いためか相対的に鑑賞歴は短めである。宝塚歌劇を見に行くときは一人でも行くが、誰かと一緒に行くときは友だちや親・兄弟・親戚と一緒に行くことが多い。Ｍヘビー観劇者は親・兄弟・親戚と一緒に見に行く傾向が最も高い。

好きな組は星組と宙組であり、これまでにファンになった生徒の数は六名程度である。鑑賞歴が相対的に短い反面、ファンとなった生徒数は最も多く、ファンとなる生徒を次々と探して観劇を楽しんでいるようである。Ｌヘビー観劇者と同様にファンクラブには現在は加入していないが、お茶会の参加経験はある。宝塚ファンがきっかけで仲良くしている友人は六名程度で、Ｌヘビー観劇者

図 4-5　Mヘビー観劇者に多くみられた項目（構成比率）

顧客特性

- 年齢：20代（26%），40代・50代（21%）
- 居住地域：関東（68%）
- 居住状況：家族・配偶者と同居（74%）
- 家族の宝塚ファン：あり（57%）
- 婚姻：独身（53%）
- 子ども：いない（68%）
- 学歴：大卒以上（42%），短大／高卒（26%）
- 職業：会社員（53%）
- 月の小遣い：5万円未満（53%）

芸術鑑賞特性

- 劇場での鑑賞経験がある舞台芸術：劇団四季（84%），その他演劇・ミュージカル（84%），能・狂言・歌舞伎（47%）
- 宝塚に加えファンである舞台芸術：その他演劇・ミュージカル（42%）
- 宝塚以外の芸術鑑賞習慣：映画（74%），演劇・ミュージカル（63%），絵画・彫刻（47%），ポピュラー音楽（42%）

宝塚歌劇鑑賞行動

- きっかけ：家族および親類（47%）
- 一緒に劇場に行く人：一人（68%），友人（58%），親・兄弟・親戚（37%），誰かと行く（84%）
- 宝塚ファンがきっかけの友人の数：5.8名
- 好きな組：星組（42%），宙組（47%）
- 鑑賞歴：10.9年
- ファンになった生徒数：6.1名
- 顧客組織など：ファンクラブ未加入（79%），お茶会参加経験あり（58%），宝塚友の会加入（58%），スカイ・ステージ（63%）
- 年間平均観劇回数：24.1回（うち宝塚大劇場：6.8回，東京宝塚劇場：12.5回，その他：4.8回）
- 年間平均支出：31.1万円（うちチケット代：18.4万円，グッズ代：2.5万円，交際費：2.1万円，旅費・交通費：8.0万円）

出所：調査2より作成。

よりも多い。また、家でも宝塚歌劇の鑑賞ができるよう、多くの場合スカイ・ステージにも加入している。家族に宝塚ファンがいるので、家庭でも皆で鑑賞しているようである。宝塚友の会にも加入している。劇場での鑑賞以外の宝塚歌劇に関連する消費についても、Mヘビー観劇者はLヘビー観劇者よりも多く行っているようである。

年間平均観劇回数は二四回程度で、宝塚大劇場は七回程度、東京宝塚劇場は一三回程度、地方公演やバウホールなどのその他の公演は五回程度である。二週間に一度は劇場に足を運び鑑賞していることになる。宝塚に関連する年間平均支出額は三一・一万円で、うちチケット代が一八・四万円、グッズ購入代が二・五万円、交際費が二・一万円、交通費・旅費が八・〇万円である。月の小遣いが五万円未満であるので、小遣いを最も多く五万円と見積もったとしても半分以上を宝塚につぎ込んでいるようである。

上記のプロファイリングの論拠となるデータは図４－５のとおりである。

Ｓヘビー観劇者のプロファイル

Ｓヘビー観劇者は関西もしくは関東の四〇代の女性である。他のヘビー観劇者は関東に居住しているが、Ｓヘビー観劇者は関西にも多く居住している点で特徴的である。結婚はしている人のほうが多いが、全体でみると子どもはいない人のほうが多い。居住状況は家族や配偶者と同居しており、家族に宝塚ファンが存在する。これは他のファンと同様である。最終学歴は大学卒もしくは大学院卒であり、ヘビー観劇者内では相対的に高学歴である。職業は正社員の会社員である場合が多いが、パート・アルバイトである人も他のヘビー観劇者と比べて多い。月の小遣いは五万～一〇万円未満もしくは五万円未満であり、ヘビー観劇者のなかでは自由に使えるお金が相対的に多く、ミドル観劇者と同様に裕福であるといえよう。

宝塚歌劇以外の舞台芸術の鑑賞経験についてはその他の演劇・ミュージカル、劇団四季、能・狂言・歌舞伎、バレエを実際に見に行った経験がある。舞台芸術に対する経験は他のヘビー観劇者と比べて豊富である。また、宝塚歌劇以外の何らかの舞台芸術についてもファンであるものはとくにないが、強いていえばその他の演劇・ミュージカルのファンでもある。宝塚歌劇以外の一般的な芸

図 4-6 Sヘビー観劇者に多くみられた項目（構成比率）

顧客特性

- 年齢：40 代（46％）
- 居住地域：関西（45％），関東（42％）
- 居住状況：家族・配偶者と同居（75％）
- 家族の宝塚ファン：あり（71％）
- 婚姻：既婚（54％）
- 子ども：いない（54％）
- 学歴：大卒以上（54％）
- 職業：会社員（33％），パート・アルバイト（29％）
- 月の小遣い：5 ～ 10 万円未満・5 万円未満（38％）

芸術鑑賞特性

- 劇場での鑑賞経験がある舞台芸術：その他演劇・ミュージカル（88％），劇団四季（79％），能・狂言・歌舞伎（71％），バレエ（63％）
- 宝塚に加えファンである舞台芸術：その他演劇・ミュージカル（38％）
- 宝塚以外の芸術鑑賞習慣：演劇・ミュージカル（96％），映画（58％），絵画・彫刻（54％），クラシック音楽（38％ ）

宝塚歌劇鑑賞行動

- きっかけ：家族および親類（42％），学校・職場の友人（38％）
- 一緒に劇場に行く人：一人（91％），友人（75％），誰かと行く（83％）
- 宝塚ファンがきっかけの友人の数：10.7 名
- 好きな組：月組（46％），花組（42％）
- 鑑賞歴：17.1 年
- ファンになった生徒数：5.3 名
- 顧客組織など：ファンクラブ加入（46％），お茶会参加経験あり（83％），宝塚友の会加入（67％），スカイ・ステージ（71％）
- 年間平均観劇回数：54.6 回（うち宝塚大劇場：23.1 回，東京宝塚劇場：19.5 回，その他：12.0 回）
- 年間平均支出：61.1 万円（うちチケット代：33.5 万円，グッズ代：9.0 万円，交際費：3.8 万円，旅費・交通費：14.8 万円）

出所：調査２より作成。

術鑑賞行動については演劇・ミュージカル、映画、絵画・彫刻、クラシック音楽の鑑賞も行っている。

宝塚歌劇を見始めたきっかけは、家族および親類と学校・職場の友人である。学校・職場の友人は他のヘビー観劇者には多く挙がらない、Sヘビー観劇者特有のきっかけである。宝塚歌劇を見に行くときは一人でのみ行くことが他のヘビー観劇者よりも多く、同時に友人とも一緒に行くことも他のヘビー観劇者よりも多い。後述するように宝塚関連の友だちが非常に多いため、一人で現地に行ったとしても現地で誰かしら知り合いと出くわすからであると思われる。鑑賞歴は一八年弱とすべての顧客分類のなかで最も鑑賞歴が長い。

好きな組は月組と花組である。ファンになった生徒数は五名とそれほど多くはない。ファンクラブには加入していることが多く、お茶会への参加も経験がある。これらの活動があってのことか、宝塚ファンがきっかけで仲良くしている友人は平均で一一名程度とすべての顧客分類のなかで最も多く、ブランド支援やコミュニティ消費を通じて積極的な顧客間インタラクションを形成していることが窺える。スカイ・ステージにもほぼ加入しており、家庭でもテレビでの観劇をしながら、宝塚歌劇による家庭内のインタラクションを形成していると思われる。宝塚友の会にも参加しており、宝塚歌劇に関連するすべての消費対象に対して超高関与であることが読み取れる。

年間平均観劇回数は五五回程度で、宝塚大劇場は二三回程度、東京宝塚劇場は二〇回程度、地方公演やバウホールなどのその他の公演は一二回程度である。一週間に一度以上、劇場に足を運んでいる。宝塚に関連する年間平均支出額は六一・一万円で、うちチケット代が三三・五万円、グッズ購入代が九・〇万円、交際費が三・八万円、交通費・旅費が一四・八万円である。月の小遣いが五万～一〇万円の層は小遣いの半分以上を、五万円未満の層はほぼすべてを宝塚につぎ込んでいることになる。

上記のプロファイリングの論拠となるデータは図４‐６のとおりである。

3　超高関与消費者としての宝塚ファンの特徴

以上、本章では宝塚歌劇ファンを年間観劇回数で分類し、それぞれのプロファイリングを行ってきた。以下では本章のまとめとして、調査結果に対する超高関与消費者の特徴に関する考察と分析課題について述べる。

❀ 観劇回数による顧客分類間の行動変数比較

観劇回数ごとにプロファイリングを行ってきたが、ここではそれぞれの宝塚歌劇に関連する消費行動変数ごとに今一つ比較をしてみよう。とくに比較すべき行動変数は顧客の分類基準となっているヘビーユーズを表す年間観劇回数に加え、高い支払い意向額、コミュニティ消費、ブランド支援、他者推奨である。これらは第2章でみたとおり、超高関与消費者の特徴として挙げられていたものである。支払い意向額は宝塚関連の消費支出額で推測でき、コミュニティ消費は友人の数・お茶会の参加が関連すると思われる。ブランド支援は、第3章第3節で述べたようにファンクラブが生徒や宝塚歌劇団を支援してきたことから、ファンになった生徒数やファンクラブの入会状況と関連するだろう。なお、ヘビーユーズについては劇場だけではなく家庭での鑑賞も考えられることから、スカイ・ステージの加入率もこれに含まれると考えられる。表4－3は顧客階層ごとの超高関与消費者を特徴づける行動変数について一覧表にしたものである。

(1) 消費行動変数

年間観劇回数別に顧客分類を行っているため、年間観劇回数はヘビーになればなるほど当然多く

表4-3　顧客階層別の消費行動変数

顧客分類	年間観劇回数 合計(回)	うち宝塚大劇場(回)	うち東京宝塚劇場(回)	うちその他劇場(回)	鑑賞歴(年)	ファンになった生徒数(名)
潜在顧客	0	0	0	0	9.1	2.1
ライト	1.8	1.1	0.6	0.1	13.3	2.9
ミドル	5.7	3.0	2.2	0.6	13.5	5.0
Lヘビー	13.7	5.0	5.9	2.8	17.1	5.7
Mヘビー	24.1	6.8	12.5	4.8	10.9	6.1
Sヘビー	54.6	23.1	19.5	12.0	17.6	5.3

顧客分類	支出合計(円)	友人の数(人)	ファンクラブ入会	お茶会参加	スカイ・ステージ	宝塚友の会
潜在顧客	16,549	0.6	5%	8%	10%	7%
ライト	27,811	1.0	7%	12%	8%	9%
ミドル	109,539	2.6	36%	43%	40%	40%
Lヘビー	192,164	3.5	14%	54%	48%	42%
Mヘビー	311,333	5.8	21%	58%	63%	58%
Sヘビー	598,773	10.7	46%	83%	71%	67%

出所：潜在顧客，ライト，ミドルは調査1，Lヘビー，Mヘビー，Sヘビーは調査2より作成。

なっている。また、観劇回数に従い支出合計も当然増加していることから、ヘビー観劇者になればなるほど支払い意向額も高いことが窺える。また、コミュニティ消費と関連する、友人の数やお茶会参加や宝塚友の会についても、ヘビーユーズであればあるほど消費する傾向がみてとれる。

一方で、宝塚歌劇というブランドを支援する役割をもつファンクラブへの入会については、ヘビーであればあるほど入会率が高いとはいえないようである。第2章で指摘したとおり、一部の先行研究における超高関与消費者でみられるブランド支援行動は、やはりヘビーユーズとは源泉が異なるのであろう。それは、本章で検討を加えていない動機基盤によって影響を受けている可能性が高い。当然、これはファンになった生徒数やファンである生徒が現在いるかいないかとも関連すると思われるが、少なくともファンになった生徒数とファンクラブへの加入率には関連がないようにみてとれる。現在ファンである生徒の有無については当調査では質問項目に含めなかったため、残念ながら現在のファンの有無による検討をすることは不可能である。

また関与の期間を表す鑑賞歴についても、ヘビーユーズであればあるほど超長期的となるとも当然限らないようである。ヘビー観劇者の鑑賞歴はおおむね一〇年以上となっており、とくにＬヘビー観劇者とＳヘビー観劇者の鑑賞歴は一七年程度ととりわけ長い。しかし、Ｍヘビー観劇者は一一年程度となっている。これはＭヘビー観劇者の年齢層は二〇代が最も多いためであると思われる。全体的にもいえることではあるが、ヘビー観劇者の年齢層をそれぞれ考えると人生の三分の一から半分程度は宝塚歌劇を鑑賞していることとなり、これは超長期的な持続性をもつ関与、すなわち超高関与をベースとした消費行動であるといってもいいと思われる。

推測的ではあるが、Ｍヘビー観劇者はさらに鑑賞歴を重ねると、よりハマりＳヘビー観劇者となったり、逆に鑑賞回数が減少しＬヘビー観劇者やライト観劇者やミドル観劇者に転落する可能性がある。このようなケースは、Ｍヘビー観劇者の多くが二〇代女性であることを考えると、数年後に就職や結婚によりライフステージが変化しやすい年代が多いことが理由として考えられる。また同時に、ファンである生徒の退団や、ファンである生徒のファンクラブでの立ち位置の変化など、宝塚歌劇やそれに付随する活動の変化によって生じることも考えられる。

表 4-4　顧客分類別の観劇時の同伴者

顧客分類	同伴者				一人でも行く	一人でしか行かない
	友　人	親・兄弟・親族	職場の同僚	伴侶・恋人		
潜在顧客	—	—	—	—	—	—
ライト	50%	32%	4%	24%	19%	0%
ミドル	67%	33%	12%	37%	48%	17%
Ｌヘビー	50%	24%	2%	12%	76%	28%
Ｍヘビー	58%	37%	0%	11%	68%	16%
Ｓヘビー	75%	25%	13%	13%	92%	17%

注：「同伴者」「一人でも行く」については複数回答。
出所：潜在顧客，ライト，ミドルは調査1，Ｌヘビー，Ｍヘビー，Ｓヘビーは調査２より作成。

(2)　観劇時の同伴者

また，他者推奨については当調査では劇場に同伴する人の有無によって推測する。当調査では他者推奨をしている程度を直接測定するような質問項目を設けていない。しかし，誰を連れて鑑賞に行っているかがわかれば，他者への推奨がどれほど成功しているのかがわかり，どれほど顧客を連れてくることで需要創造に貢献しているのかを読み取ることができるだろう。表4－4は顧客分類別の観劇時の同伴者に関する回答比率である。

注目すべき点は，ヘビー観劇者のほうが一人でしか行かない人の割合が多い傾向にある点である。したがって，ヘビーユーズと他者推奨の源泉は異なると思われ，他者推奨や需要創造という観点から超高関与消費者を考察するためにはブランド支援と同様に，動機基盤を考察する必要があると思われる。ただし一方で，多くのファンは友人を同伴者として選ぶ傾向があり，とくにＳヘビー観劇者は友人を同伴者とする人が非常に多く，きわめて積極的に他者推奨や需要創造を行っている可能性があることが窺える。また，ヘビー観劇者は一人でしか行かない割

表 4-5　顧客階層別の宝塚歌劇鑑賞のきっかけ（複数回答）

顧客分類	家族および親類	学校・職場の友人	テレビでの公演放送	スカイ・ステージ	広　告	原　作	雑誌やテレビの特集
潜在顧客	28%	14%	57%	8%	8%	15%	14%
ライト	48%	30%	28%	9%	9%	16%	10%
ミドル	63%	32%	38%	19%	19%	22%	22%
Lヘビー	34%	20%	20%	6%	6%	12%	6%
Mヘビー	47%	26%	16%	0%	11%	0%	5%
Sヘビー	42%	38%	21%	0%	8%	8%	0%

出所：潜在顧客，ライト，ミドルは調査1，Lヘビー，Mヘビー，Sヘビーは調査2より作成。

合も多いとはいえ、友人は半数以上、親・兄弟・親族は二割から四割弱が一緒に鑑賞していることから、多数の年間観劇回数も考慮すると、やはりCtoCインタラクションによる需要創造を担っている可能性が高いといえるだろう。

(3)　観劇のきっかけ

観劇時に同伴される人は、それが宝塚歌劇の鑑賞のきっかけとなり、さらにはファンとなるきっかけとなりうる。表4－5は顧客分類別の宝塚歌劇鑑賞のきっかけに対する回答比率である。

まず、潜在顧客やライト観劇者やミドル観劇者については、テレビでの公演放送をきっかけに鑑賞を始め、ファンとなった人が他の群より多い。また、ライト観劇者、ミドル観劇者、Mヘビー観劇者、Sヘビー観劇者は親族および親類をきっかけとしている人が多い。さらにSヘビー観劇者は学校・職場の友人をきっかけとしている人が四割弱となっており、他の群より相対的に高い。以上より、きっかけとしてはこれらがファンになるためには重要となるが、家族や親類や友人による観劇の誘いが、よりヘビーなファンとなるための

図 4-7　CtoC インタラクションによる需要創造

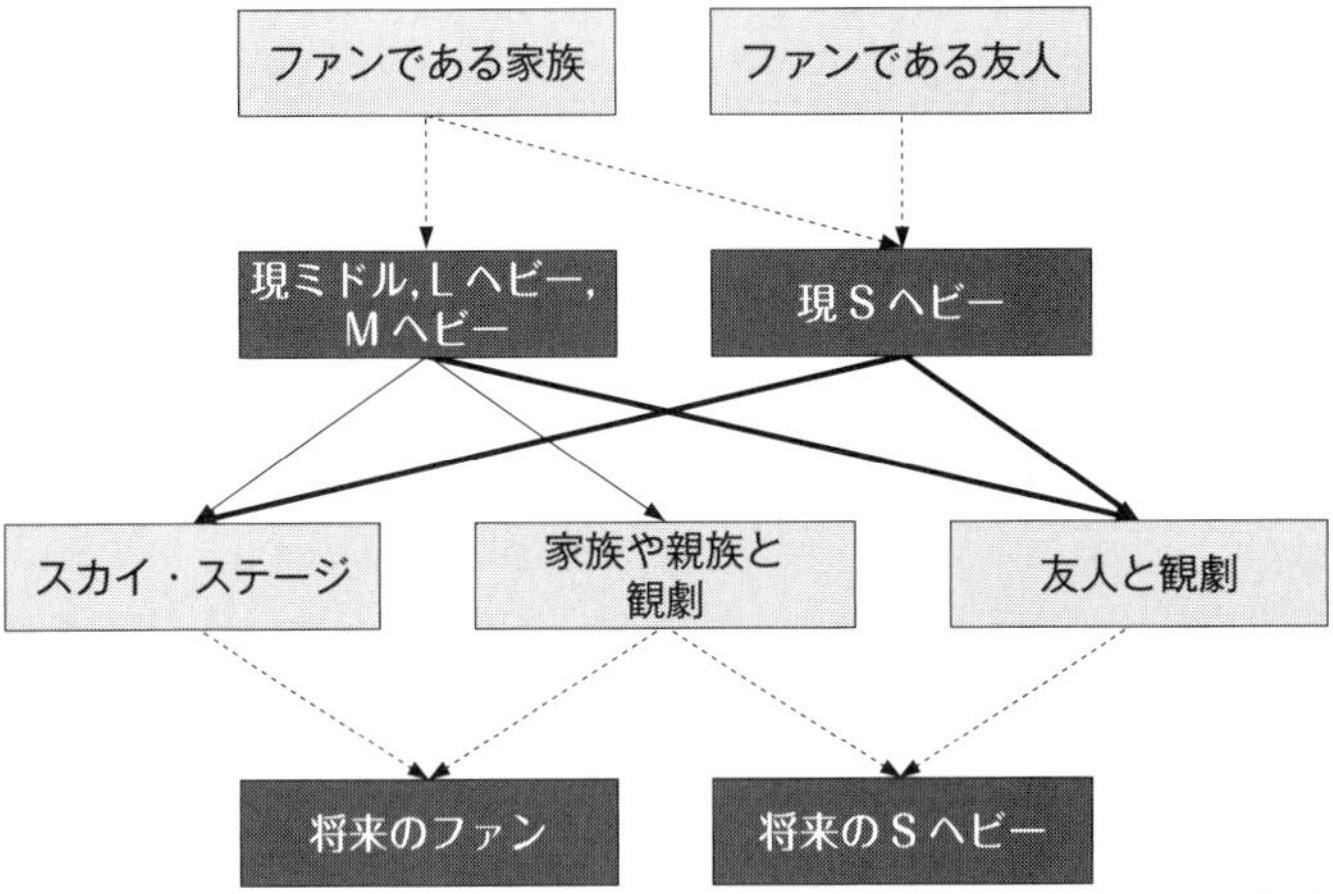

注：線の太さは回答比率の高さ（影響力），破線はきっかけ，実線は実際の行動を表す。
出所：調査１と調査２より作成。

きっかけとして重要となるようである。

したがって、Sヘビー観劇者やミドル観劇者は友人を同伴し、未来のSヘビー観劇者を育成しうるという点において、顧客分類のなかでもとりわけ需要創造に貢献している可能性が高いといえるだろう。また、Sヘビー観劇者は七割がスカイ・ステージに加入している。現在のファンにとってスカイ・ステージはそれほど鑑賞のきっかけとしては指摘されていない。これは二〇〇二年七月にスカイ・ステージは放送が開始されており[6]、一方で多くのファンは鑑賞歴が一〇年以上であることを考えると、今回の調査対象者にとってスカイ・ステージは始まってまだ間もないためであると思われる。しかし、テレビでの公演放送は二～五割程度のファンにとっての鑑賞のきっかけとなっていることから、スカイ・ステージも将来のファン育成にとって今後重要なきっかけとなる可能性が高く、家庭内での需要創造を担う可能性が高い。

以上の同伴者ときっかけの関わりをまとめると図4－7のように、現ミドル観劇者や現ヘビー観劇者は、友人や家族や親族と一緒に劇場で観劇することや家庭でスカイ・ステージを見ることで、将来のファンやSヘビー観劇者を育成する可能性がある。したがって、ミドル観劇者やヘビー観劇者は、新規需要を創造する担い手としてとくに重要な顧客群であると考えられる。

なお、鑑賞回数と好きな組の関係については、潜在顧客やライト観劇者は好きな組がとくにないファンがそれぞれ五四％と四六％となっており、それぞれ半数程度のファンは好きな組がないようである。しかし、ミドル観劇者や各ヘビー観劇者で好きな組がとくにないファンは、ミドル観劇者は二一％、Lヘビー観劇者が八％、Mヘビー観劇者が一六％、Sヘビー観劇者が八％と非常に少なく、ミドル以上のファンはいずれかの組をとくに贔屓にしているようである。好きな組ができることと超高関与になることは、やはり関連があるようである。また、ミドル以上の顧客分類と具体的に好きである組との関係については、鑑賞回数が増えるほど特定の組について好きと答えるファンの回答比率が増える、といったような共通した傾向はみられなかった[7]。

調査間の比較

本章では、二つの調査から得られたデータをもとにプロファイリングを行った。潜在顧客とライ

表 4-6　調査別の宝塚関連の消費行動変数

顧客分類	年間観劇回数の合計(回)	スカイ・ステージ	支出合計(万円)	鑑賞歴(年)	宝塚友の会	ファンになった生徒数(名)
調査1	3.9	19%	5.2	13.1	18%	3.4
調査2	20.1	52%	24.5	15.0	41%	6.1

顧客分類	ファンクラブ入会	友人の数(人)	お茶会参加	友人と観劇	親・兄弟・親族と観劇	一人だけで観劇
調査1	14%	1.4	22%	56%	34%	25%
調査2	22%	4.7	53%	55%	31%	32%

出所：調査１と調査２より作成。

ト観劇者とミドル観劇者のプロファイリングを調査１のデータで行い、ＬへビーⅠ観劇者とＭへビー観劇者とＳへビー観劇者のプロファイリングは調査２のデータで行ってきた。しかしながら、それぞれの調査によって得られた全体的なデータについて、観劇回数以外の比較をここまで行ってこなかった。超高関与消費者を特徴づけるであろう行動変数について、調査間で比較を行いたい。それぞれの調査の行動変数を一覧にすると、表４－６のとおりとなる。

調査２は超高関与消費者に共通してみられるヘビーユーズ（年間観劇回数、スカイ・ステージ）や高い支払い意向額（支出合計）、高関与型情報処理[8]（宝塚友の会加入）の傾向が、調査１と比較して強くみられる。また、超高関与消費者の特定の種類によってみられるコミュニティ消費（友人の数、お茶会参加）やブランド支援（ファンクラブ加入）についても、全体的に調査２のほうが多くみられる。しかし、他者推奨の代理指標である観劇時に他者と見るかどうかについては、調査１と調査２ではほとんど変わらない。

調査1のスクリーニングは「宝塚歌劇のファンである」と思うかどうかで行ったため、超高関与消費者を特徴づける各行動変数は一般的な消費者よりも高いことは予想される。しかしながら調査2はそれ以上に各行動変数は高く、調査2の消費者の多くは超高関与消費者であると捉えることは可能であろう。

限　界

以上、ヘビーユーズ度合いを表す年間観劇回数によって顧客を分類し、プロファイリングを行い、超高関与消費者の特徴を表す他の行動変数との関連をみてきたが、やはり年間観劇回数だけでは超高関与消費者の行動を説明することは難しいようである。とくにブランド・マネジメントや関係性マーケティングにおいて実務上重要であると思われる、ブランド支援行動（ファンクラブへの加入）や他者推奨による顧客の需要創造行動（観劇時の同伴者）については、年間観劇回数との関連はそれほどみられなかった。

調査2で対象とした人々は、ヘビーユーズ度合い、支払い意向額、情報処理量と範囲から高い関与水準が予想でき、また鑑賞歴の長さから超長期的な関与状態であると推測される。すなわち、これらの消費者は超高関与消費者である可能性が高い。

以上より、ブランド支援行動や他者推奨はどのような超高関与消費者が行うのかを理解するためには、調査2で得られた超高関与消費者の動機的側面で分析する必要があると思われる。したがって、第5章では調査2について動機的な側面から分析を行い、ブランドを支援し需要を創造する超高関与消費者とはいかなる動機をもつ人々であるかを明らかにしていこう。

注

1　茨城県、栃木県、群馬県、埼玉県、千葉県、神奈川県、東京都を指す。
2　滋賀県、京都府、大阪府、兵庫県、奈良県、和歌山県を指す。
3　性別、年代、居住地都道府県、婚姻の有無、子どもの有無、居住状況、最終学歴、職業、世帯年収、月の小遣い、性別を聞いている。
4　劇場以外の各メディアでの鑑賞を含めた鑑賞歴であり、離脱期間は除いて回答してもらっている。
5　宝塚大劇場、東京宝塚劇場、その他劇場における年間観劇回数の合計を指す。
6　宝塚クリエイティブアーツ（二〇〇二）「SKY STAGE 通信」vol. 8 より。http://www.skystage.net/mailmag/mailvol08.html（二〇一四年七月二〇日最終アクセス）。
7　しかし、組ごとに若干の特徴が垣間みえる。花組は、Sヘビー観劇者は五八％、ミドル観劇者は四八％、Lヘビー観劇者は四〇％のファンが好きだと答えている一方、鑑賞歴がヘビー観劇者では相対的に短いMヘビー観劇者は二六％と低いため、往年の宝塚ファンに受けているようである。月組はSヘビー観劇者が四六％と最も高く、他のミドル以上のファン層ではおおよそ二五〜三〇％程度の回答比率であり、ヘビーなファンのなかでもとくにヘビーな層に好かれているようである。雪組については、ミドル以上のどの層もおおむね三〇％程度のファンが好きだと答えており、どの層でも同様に好かれているようである。星組も雪組と同様にミドル以上のどの層でも同様に好かれているようであり、おおむね三〇〜四〇％のファンが好きと回答している。ただし、最も好きと答えた比率が高い層は、次点と僅差ではあるが、Mヘビー観劇者となっており、雪組よりも鑑賞歴が短いファンに受けている可能性がある。宙組については、Mヘビーの四七％が好きと回答している一方で、他のミドル以上のファン層はおおよそ二〇～三〇％のファンが好きと答えていることから、相対的に鑑賞歴が短く若いヘビーなファンに好かれているようである。

8 表 顧客分類ごとの各組を好きと回答したファンの比率

	花 組	月 組	雪 組	星 組	宙 組	とくになし
潜 在	20%	20%	10%	15%	11%	54%
ライト	23%	27%	12%	20%	11%	46%
ミドル	48%	25%	34%	33%	23%	21%
Lヘビー	40%	24%	34%	38%	18%	8%
Mヘビー	26%	32%	32%	42%	47%	16%
Sヘビー	58%	46%	21%	34%	29%	8%

注：好きな組については複数回答。
出所：潜在，ライト，ミドルは調査1，Lヘビー，Mヘビー，Sヘビーは調査2より作成。

調査2は宝塚歌劇のチケット交換サイトで回答者を募集したため、そもそも調査対象者はチケット交換サイトで情報探索を行っていることが前提となる。この時点で、宝塚歌劇に関連する情報探索量と情報探索範囲は一般的なファンよりも多く広いと思われる。

第5章

宝塚歌劇を消費する理由

✻超高関与消費者群像の消費動機

❁はじめに

二〇一四年に一〇〇周年を迎えた宝塚歌劇は、その長い歴史のなかで常に熱心なファンに支えられ続けてきた。このことは、宝塚歌劇が顧客との強固なリレーションシップを構築しているブランドであることを示している。近年、多くのブランドが関係性の構築、すなわち関係性マネジメント（relationship management）に注力するなか、熱心なリピーターの存在や規律あるファンクラブ組織に支えられた宝塚歌劇は、彼らの目指す理想形の一つといってもいい。その意味で宝塚歌劇は一歩先を行くブランドだといえる。

だからこそ、宝塚歌劇に焦点を当てていくことで、関係性マネジメントの先にある課題も浮かび上がってくる。その一つが超長期的な関係性におけるマネジメントのあり方である。宝塚歌劇はリピーターに支えられたロングライフ・ブランドであるため、中心顧客である女性を取り囲む社会の変化やファンクラブを支えるファンのエイジングという新たな問題もみられるようになっている。

本章ではこのような現象を読み解くために、宝塚ファンの消費動機に注目していく。宝塚歌劇のファンは宝塚歌劇に長期間にわたり深くコミットし続けている点に特徴があり、典型的な超高関与消費者である。ただし、その内実をみてみると熱狂的・献身的にハマっているファンもいれば、クールに振る舞うファンもいる。こうした多様なファンはパーソン消費やコミュニティ消費といった特徴をもちつつ相応の関わり方で宝塚歌劇を支えており、こうした消費者群像を探っていくことが、今後の超長期的な関係性マネジメントにおいて重要になってくるはずである。

以下では、宝塚歌劇における多様なファンの群像をあぶり出すために、因子分析によって消費動機の導出を試み、クラスター分析によって超高関与消費者としての宝塚ファンの消費者群像を探っていく。

1　先行研究が描く宝塚歌劇ファンの消費者像

宝塚歌劇に関する論文や書籍は数多いものの、演劇論や文化論からの考察が大勢を占める。もちろん、ファンの行動も取り上げられなかったわけではない[1]。しかし、必ずしも消費行動の視点から語られていたわけではなかった。超高関与消費者として宝塚歌劇の顧客を捉えていくために、ここでは数少ない宝塚歌劇の消費行動の分析のなかから、その消費者像を抽出することとする。

宝塚歌劇への長期的コミットメントの様相

消費者行動研究の視点から、宝塚歌劇の解析に取り組んだ端緒といえるのが和田（一九九九）である。同書によると、宝塚歌劇のファン層は大きく次の二つに分類される。一つは作品の魅力やレビューに代表される舞台のファンタジー的な雰囲気に惹きつけられる宝塚歌劇そのもののファンであり、もう一つは宝塚のスターの魅力に惹きつけられるファンである。そのなかでも、ファン層でより重要な位置を占めているのは後者であり、彼らがファンクラブを支えていると和田（一九九九

図 5-1　宝塚歌劇ファンのライフステージ

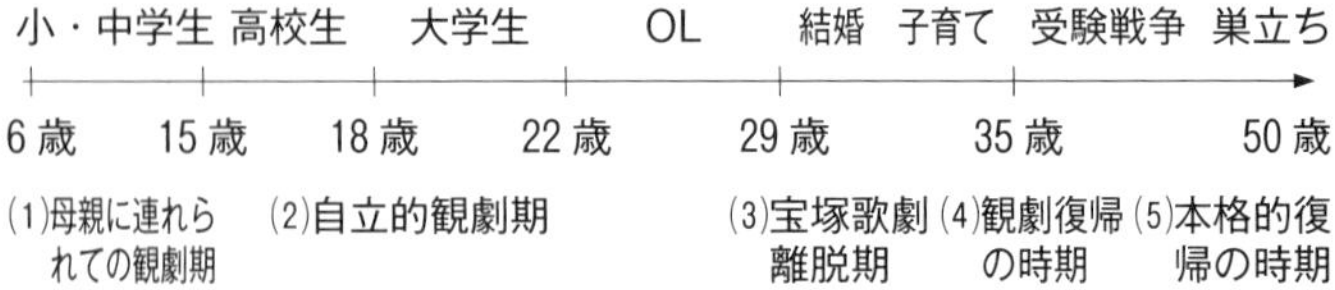

出所：和田（1999）83頁。

九）は指摘する。

図5－1は一九九〇年代までの典型的な宝塚歌劇ファンのライフステージを表したものである。これによると当時の宝塚歌劇のファンは宝塚大劇場のある関西中心であり、しかも子どもの頃の母娘消費によって育まれ、その後リピーターとなった女性である。彼女たちは単なるリピーターではない。一年間に何十回も宝塚歌劇へ通い、何十年もその関係を続けるというほど、まさに人生を宝塚歌劇とともに歩んでいるのである。

さらに、ファンクラブへの参加はスターを献身的に支えることを意味し、そのコミットの度合いが高まれば高まるほど、スターの成長を自己の成長と一体化させて捉えていく様相が指摘されている。こうしたある人物（person）に対して入れ込んでいること、すなわち高関与であることを示す特徴はパーソン消費と言い換えることができる。

以上、一九九〇年代までの宝塚歌劇のファンは、関西の地でファンクラブに入会して（一時的に子育てによって離れる期間はあるが）長期にわたり熱心にスターを支えるパーソン消費をその特性にもつ女性として描くことができる。

コミットメントの多様化

宝塚歌劇の私設ファンクラブは、ロイヤル・カスタマーによる自発的なコミュニティであり、宝塚歌劇の隆盛を支えてきたことは和田（一九九九）や川崎（二〇〇五）も指摘している。宮本（二〇一一）は一九九〇〜二〇〇八年にかけて実施したファンクラブへの参与観察をもとに、その構造とファン像の解析を示している。

そこで宮本は、その入会動機がファンの宝塚歌劇経験によって異なることを明らかにしている。初心者の場合は目立つ出演者に惹かれることが多く、その生徒に関する情報ほしさにファンクラブに入会するという。それに対し、宝塚歌劇のファンクラブについて知識をもつ人々の入会動機には、幅がある。ポジションの高い出演者のファンクラブは、良席となるチケットが取りやすいという特典があり、それを期待してトップや二番手スターのファンクラブに入会する人も多い。

一方、舞台上ではまだ目立たない下級生ファンクラブへの入会者も少なくないという。その動機は将来性への期待にある。下級生のファンクラブに早くから参加し、その生徒が出世街道を駆け上がっていく姿をみることは、本能をくすぐることだろう。まして当初はファンクラブの会員数も少なく、生徒との距離も近い。ファン歴の長い者はその知識を活かし、生徒に演技やファンとの関わり方のアドバイスも行うという。そこまでの関わりをもたずとも、お茶会や入り待ち・出待ちに参加すれば、顔や名前を憶えてもらえる。スター路線に乗り、生徒がゆくゆくファンを増やしたとき、その他多くのファンから羨望の目で見られる。そういった優越感の存在も指摘されている。

表5-1　ファンクラブ入会の動機

宝塚歌劇経験	入会するファンクラブ	思惑
初心者	トップ，2番手	生徒の情報獲得
経験者	トップ，2番手	チケット取り次ぎの特典
	下級生	将来性への期待，近づきやすさ

出所：宮本（2011）より作成。

このようにファンのコミットメントは必ずしも献身的なものに限らず、ファン歴が長くなると良い席を確保したいといった実利に偏った関わり方も窺えるようになる。二〇年にわたる宮本（二〇一一）の調査は、和田（一九九九）が想定したファン像との乖離を示している。これは就業率の上昇や晩婚化によって、現代の女性が一つのライフステージで描ききれなくなったこと、すなわちライフコースが多様化していることと切り離せない。

それと同時に、従前のファンクラブによる顧客組織化の有効性にも目を向けなければならない。ファンクラブは交流の場であるとともに、チケット販売の代理店機能をあわせもつ。たとえば、会員はその動員力によって、自らの座席位置を厚遇してもらえるようになる。常連ともなれば、ファンクラブ内の別会員とも顔見知りになるので「前後位置」の確認により、競争心を掻き立てられる。基本的に、積極的な努力に対して評価されるシステムになっているので、会員同士に競争意識と緊張関係が生まれる。こうした関係によって、ファンクラブ内の秩序が保たれているという。宮本（二〇一一）はこの事象をノルベルト・エリアスの「宮廷社会の構造」の概念をもって説明している。「宮廷社会の構造」とは「ひとりひとりが自分の地位を守るために、他者の動きに敏感となり、それによって宮廷社会の秩序が維持される」ことを示す。

しかし宮本（二〇一二）も指摘するように、最近はこの構造にも変化が生じ、従前の機能は必ずしも有効に働いていない。ファンクラブの未入会率が入会率を上回っている、という報告もある（奥川，二〇〇九）。そこに付きまとう煩わしさや時間的制約が、ファンクラブ離れを促進させているようだ。

以上のように、宝塚歌劇を支えてきたファン・コミュニティはエイジングに直面し、超高関与消費者層は多様化していることが窺える。それに伴って、必然的にマーケティングのあり方を再考する時期が来ている。

2　現代のファン層を捉える枠組

多様なファン層の実相を捉えるにはどうしたらいいか。われわれはそれを捉える端緒として、消費動機に目を向けることをすでに述べた。動機は大別して外発的報酬と内発的報酬に分けられる。前者は、ある行為によって金銭や名誉といった世俗的報酬を求めることである。後者は、行為そのもののなかに楽しさを見出すことである。たとえば絵を描いたり、チェスをすること自体が人々の報酬になることが報告されている（Skinner, 1953）。

とりわけ後者の動機づけに注目したのが、心理学者のミハイ・チクセントミハイであった。彼は一九六〇年代、創造の過程について研究に取り組んでいた際に、画家の創作に対する姿勢や動機づけに関心を抱いた。彼らは空腹や疲労、不快感を忘れて創作に没頭するが、ひとたび作品の完成をみると、それについて興味を急速に失ってしまったという。このような外発的動機づけとは無縁の「それをすること自体が報酬となる自己目的的（autotelic）活動」、すなわち「ハマる」という現象への理解に取り組んだ。これは既述のとおり、フローの研究として人口に膾炙している（チクセントミハイ＝ナカムラ、二〇〇三）。フローとは「生活に意味づけと楽しさを与える、強い没入経験を表現する概念」として定義づけられている（Csikszentmihalyi, 1975, 訳書一四頁）。

チクセントミハイはまず、フローが顕著に現れるであろう遊び（ロック・クライミング、ダンス、チェスなど）に注目した。しかし同時に、金銭的報酬と強く結びついた仕事（外科医術）にも焦点を当て、調査を進めた。それによれば、フローは余暇と仕事という状況の差を越え、生成しうることが指摘されたのである。その後、フロー概念は実証研究を積み重ね、教育現場、労働、人間関係などにも適用範囲を広げている。

われわれは宝塚歌劇のファンがハマっている状態をフロー状態と捉え、チクセントミハイがフローを解明していく過程で得た知見、「活動が楽しい理由」に注目し、宝塚歌劇の消費動機を描き出すための枠組として活用することとする。これは八つの因子により構成されている。すなわち①それを経験することや技能を用いることの楽しさ、②活動それ自体：活動の型、その行為、その活動が生み出す世界、③個人的技能の発達、④友情、交友、⑤競争、他者と自分との比較、⑥自己の理想の追求、⑦情緒的解放、⑧権威、尊敬、人気である（Csikszentmihalyi, 1975）。これらの項目は、既存の宝塚歌劇の消費者行動分析が示唆していた消費動機と大いに合致するものである。

①と②は内発的報酬と思われ、⑤や⑧はとくに外発的報酬が顕著な項目である。ただし、①と②についてはこのままの項目ではわれわれの調査に利用できない。ロック・クライミングやチェスは実際の行為者であるがゆえに、「技能を用いる」という文言が入るのは問題ない。一方、宝塚歌劇の消費行動では観劇が主であり、自らが演者となるわけではない。したがって、①と②は統合し「それを経験することや消費自体」と置き換えることとする。

さらに、宝塚歌劇の消費者行動独特の「楽しさ」を見落としてはならない。それは「支援」である。外発的報酬がもたらされないにもかかわらず、スターに献身的に尽くす人々の姿を、既存研究は明らかにしていた。よって本書では、これを内発的報酬と関連づけて取り扱う。なお、支援は宝塚歌劇独特の動機と記したが、昨今の消費コミュニティの議論に鑑みると、広く該当するものと考えられる（Muniz and O'Guinn, 2001; McAlexander et al., 2002）。われわれはこれら八つの項目を理論枠組として、インタビュー調査を行った。

インタビューは計三〇人に対して行われた。被験者の多くは演劇関係のチケット交換サイトを通じた呼びかけ、ないしはファンの知人への声がけを通じて集められた。ファン行動の経験や動機の収集を目指していたこともあり、被験者は観劇経験五年以上のファンより抽出した。それぞれの聞き取りでは、なるべく同じような世代や宝塚歌劇の鑑賞経験をもつ人々を集めたうえで、半構造化インタビューを実施した。既存研究とインタビュー調査をもとに変数を抽出して、宝塚歌劇の消費動機の内実をみるべく、次節では因子分析を実施する。

3 因子分析による宝塚歌劇の消費動機の抽出

宝塚歌劇の消費動機

前節にて仮説として導出した宝塚歌劇の八つの消費動機および項目は、表5－2のとおりである。これらの仮説をもとに、本節では因子分析によって、宝塚歌劇ファンの消費動機を検証していく。

調査概要

上記の消費動機を検証するために、二〇一三年一月にオンライン調査を実施した。調査対象者は宝塚歌劇に深くコミットする消費者、すなわち超高関与消費者であり、調査項目は先の消費動機に関する項目、宝塚歌劇の鑑賞行動に関する項目（観劇回数、好きな組など）、消費者属性（性別、年齢、居住地域など）である。

調査手続きとしては、宝塚歌劇のチケットをはじめとするさまざまな演劇関係のチケットの個人間譲渡交換掲示板上で「広告」として調査協力を呼びかけ、アンケートのウェブサイトに誘導した。その結果、一三四名が回答に協力してくれた。彼らが超高関与消費者かどうかについては、次項で検討する。

表5-2　消費動機に関する８つの仮説因子と質問項目

①それを経験することや消費自体
a「宝塚歌劇の劇場に行くこと自体が好き」
b「ミュージカルや舞台を観に行くこと自体が好き」
c「公演中に作品が変化していくことが楽しい」
d「宝塚歌劇の世界観が好き」
e「作品中の衣装や舞台装置に注目するのが好き」

②支　援
a「生徒の成長を見守るのが楽しい」
b「生徒のためにグッズを買ってしまう」
c「生徒を応援したくなる」
d「チケットを買って席を埋めてあげたい」
e「成長しそうな生徒を探すのが楽しい」
f「生徒の完璧でないところがいい」
g「宝塚には生徒とファンが公演を一緒に作り上げる感覚がある」

③個人的技能の発達（自己研鑽）
a「生徒の所作や立ち居振る舞いが参考になる」
b「舞台内容が人生のあり方を考えさせる」
c「自分も生徒のように成長したいと思う」
d「宝塚は自己研鑽の場になると思う」
e「宝塚を観ることによって，自分が高められると思う」

④友情・交友
a「ファン同士の交流は大切だと思う」
b「宝塚で新しい友人関係を築くことができる」
c「観劇後に感想を言い合い，盛り上がることが楽しい」
d「ファンクラブでの交流が楽しい」
e「生徒との交流が楽しい」

⑤自己の理想の追求
a「自分ができなかったことをしている生徒に憧れる」
b「宝塚歌劇は私にとって夢の世界である」
c「宝塚の生徒に憧れる」
d「宝塚の男役は理想の男性像である」
e「宝塚は美しい世界だと感じる」

⑥競争，他者との比較
a「他の人よりも良い席で観劇したい」
b「できるだけ前の席で生徒の視線を浴びたい」

c「生徒にとって身近な存在でありたい」
d「生徒ともっと交流したい」
e「観劇にはお洒落をしていきたい」
f「至近距離に生徒がいることが嬉しい」

⑦情緒的解放
a「宝塚を観ることで現実を忘れられる」
b「宝塚を観るとリフレッシュできる」
c「宝塚を観ることはストレス発散になる」
d「宝塚を観に行くと，自分も頑張ろうと思う」
e「宝塚の現実的でないところにひかれる」

⑧権威・尊敬・人気
a「宝塚は日本が世界に誇れる文化だと思う」
b「宝塚歌劇の鑑賞は一種のステイタスだと思う」
c「宝塚歌劇を観る人は文化に造詣が深いと思う」
d「宝塚歌劇に詳しいという優越感がある」
e「宝塚は歌劇としてのレベルが高いと思う」
f「宝塚歌劇に詳しいと尊敬の目で見られる」

被験者のプロフィール

今回の調査に協力してくれた一三四名の宝塚歌劇の鑑賞歴は平均一五・九年（最短鑑賞歴は一年未満、最長鑑賞歴は五五年）であり、長期にわたって宝塚歌劇と関係性をもっていたことがわかる（仕事や育児など何らかの事情で宝塚歌劇から離れていた期間は除かれている）。年間の平均鑑賞回数（宝塚大劇場、東京宝塚劇場、その他の劇場のすべての合計）は二〇・一回（最低観劇回数は〇回、最高観劇回数は一一〇回）であり、年一〇回以上の被験者は九三人（六九・四％）と約七割がこちらの設定した宝塚歌劇のヘビーユーザーに当たることから、彼らは宝塚歌劇の超高関与消費者であることが確認できる。

性別は女性が一二八名と全体の九五・五％を占めており、年代の内訳をみると四〇代が三六・六％と最も多く、続いて五〇代（二〇・九％）、三〇

図 5-2　被験者の年代の内訳

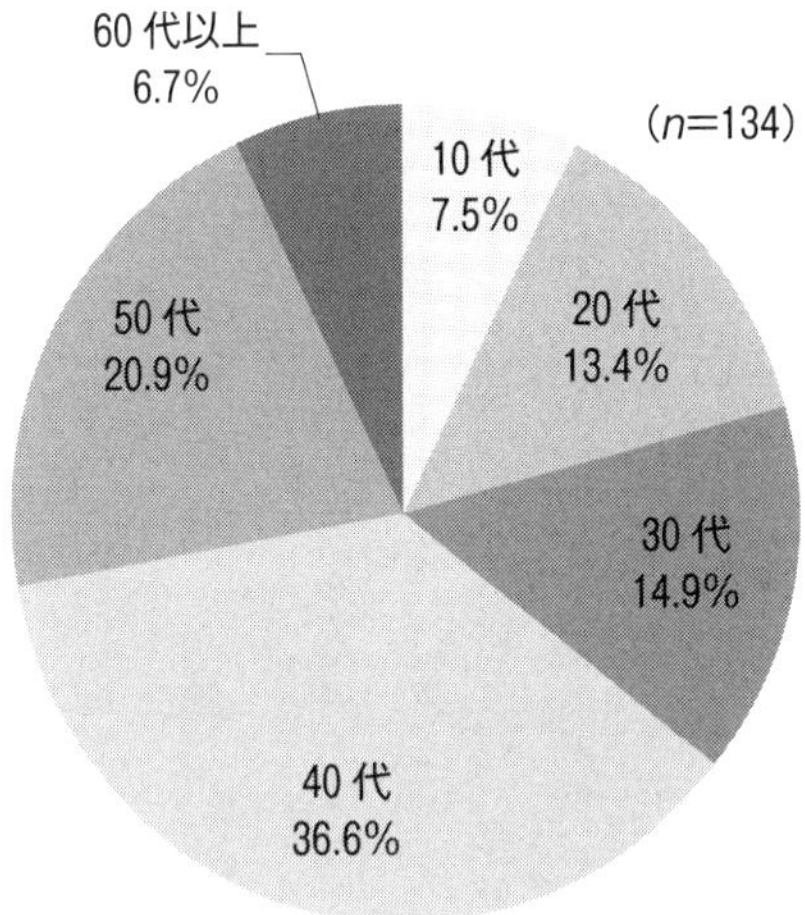

図 5-3　被験者の居住地域

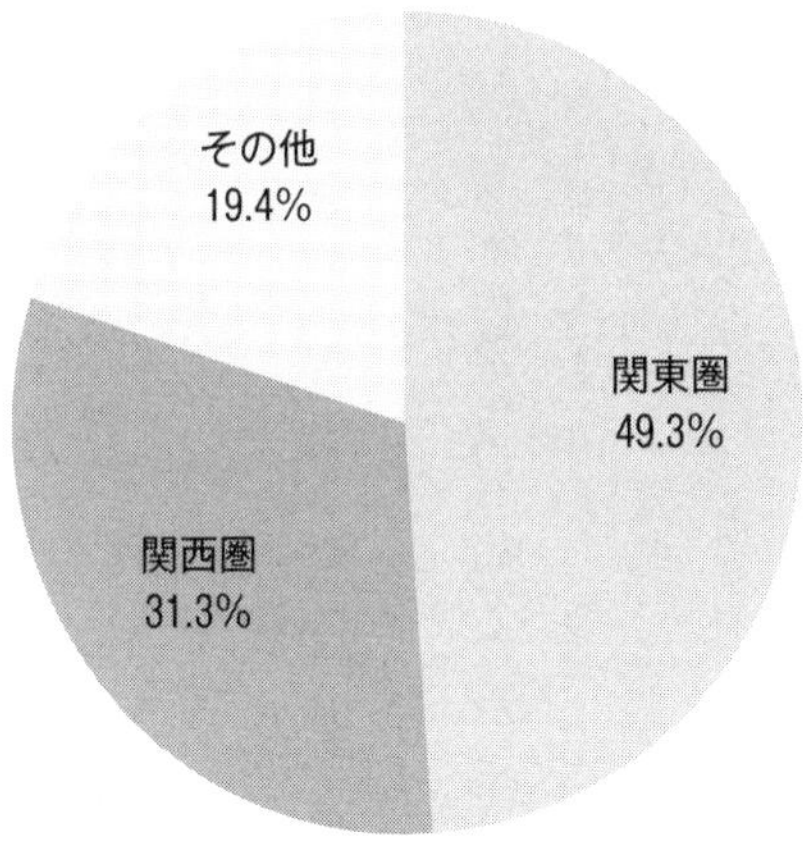

代（一四・九％）、二〇代（一三・四％）となっている（図5－2）。宝塚ファンは女性で幅広い年代にわたることが特徴であると和田（一九九九）は指摘しているが、四〇代以上が六四・二％と過半数を超えていることから、ファンのエイジングが進んでいることがわかる。居住地域は東京宝塚劇場のある関東圏に住む被験者が四九・三％とほぼ半分を占め、続いて宝塚大劇場のある関西圏が三一・三％、その他の地域に住む被験者が一九・四％となっている（図5－3）。

因子分析の結果

分析では、調査によって収集されたすべての項目得点データを一括して、探索的因子分析（因子抽出法：最尤法、回転法：Kaiser の正規化を伴うプロマックス法）を行った（統計パッケージSPSSStatistics21 を使用）。因子分析とは、多変量データに潜む共通因子を探り出すための手法であり、本調査では各質問項目の背後に潜む動機（共通因子）を探り出すために用いている。各項目のうち、因子抽出後の共通性の値が〇・五以下の項目であった二一項目を削除し、再度、因子分析を行ったところ、六因子が抽出された（因子抽出の基準には、「すべての因子において固有値が1以上であること」を採用した）。なお、表5－3は、最終的に得られた各項目の共通性の値である。

六因子による回転後の累積因子寄与率は、六五・五〇六％であった（第1因子：三六・五四〇％、第2因子：七・九八五％、第3因子：七・八〇七％、第4因子：四・二二一％、第5因子：五・一八四％、第6因子：三・七六八％）。各因子の寄与率をみると、第1因子の寄与率が三六・五四〇％と高く、

表5-3　共通性

	初　期	因子抽出後
生徒のためにグッズを買ってしまう	.583	.511
生徒を応援したくなる	.584	.540
チケットを買って席を埋めてあげたい	.592	.568
成長しそうな生徒を探すのが楽しい	.529	.635
生徒の完璧でないところがよい	.518	.509
宝塚には生徒とファンが公演を一緒に作り上げる感覚がある	.621	.587
舞台内容が人生のあり方を考えさせる	.609	.597
自分も生徒のように成長したいと思う	.721	.750
宝塚は自分の自己研鑽の場になると思う	.766	.784
宝塚を観ることによって，自分が高められると思う	.690	.686
ファン同士の交流は大事だと思う	.601	.553
宝塚で新しい友人関係が築くことができる	.586	.582
ファンクラブでの交流が楽しい	.633	.656
生徒との交流が楽しい	.705	.700
できるだけ前の席で生徒の視線を浴びたい	.662	.627
生徒にとって身近な存在でありたい	.787	.816
生徒ともっと交流したい	.816	.869
至近距離に生徒がいることが嬉しい	.650	.580
宝塚を観ることで現実を忘れられる	.560	.544
宝塚を観るとリフレッシュできる	.687	.813
宝塚を観ることはストレス発散になる	.674	.777
宝塚歌劇の観賞は一種のステイタスだと思う	.676	.830
宝塚歌劇を観る人は文化に造詣が深いと思う	.665	.692
宝塚歌劇に詳しいという優越感がある	.537	.514

続いて第２因子と第３因子が七％台、第４因子以降は三％台から五％となっている。

表５－４は、因子分析の結果である。各因子に負荷する因子負荷量が〇・五以上であり、かつ他の因子に負荷する因子負荷量が〇・四以上とならない項目のみを抽出して（表５－４のアミをかけている項目部分）、因子の解釈を行った。

第１因子を構成する項目は四項目ある（「生徒ともっと交流したい」、「生徒にとって身近な存在でありたい」、「できるだけ前の席で生徒の視線を浴びたい」、「至近距離に生徒がいることが嬉しい」）。

表 5-4　因子分析の結果

	因子					
	接近欲求	自己研鑽	成長支援	絆	心的解放	優越感ステイタス
生徒ともっと交流したい	**.968**	.092	−.003	−.065	−.021	−.065
生徒にとって身近な存在でありたい	**.888**	.041	.065	−.073	−.044	.039
できるだけ前の席で生徒の視線を浴びたい	**.835**	−.021	−.166	.035	−.027	.034
至近距離に生徒がいることが嬉しい	**.663**	.090	.007	.004	.102	.028
自分も生徒のように成長したいと思う	.073	**.873**	.087	−.004	−.055	−.149
宝塚は自分の自己研鑽の場になると思う	.057	**.844**	.080	−.099	.056	.010
舞台内容が人生のあり方を考えさせる	.033	**.731**	−.049	.015	−.081	.098
宝塚を観ることによって，自分が高められると思う	.088	**.701**	−.100	.065	.138	.091
成長しそうな生徒を探すのが楽しい	−.023	−.083	**.886**	−.070	.091	−.050
生徒を応援したくなる	.186	−.117	**.667**	.064	.081	−.077
宝塚には生徒とファンが公演を一緒に作り上げる感覚がある	−.233	.215	**.631**	−.013	.009	.174
生徒の完璧でないところがよい	−.187	.347	**.593**	−.001	−.120	−.052
チケットを買って席を埋めてあげたい	.139	.055	**.486**	.194	−.020	.036
生徒のためにグッズを買ってしまう	.311	−.057	**.343**	.185	−.098	.099
宝塚で新しい友人関係が築くことができる	−.184	−.063	.053	**.849**	.109	.002
ファンクラブでの交流が楽しい	.103	−.029	.001	**.779**	−.053	−.042
ファン同士の交流は大事だと思う	.043	.048	−.026	**.701**	−.093	.023
生徒との交流が楽しい	.366	.066	−.080	**.555**	.078	−.019
宝塚を観ることはストレス発散になる	−.086	−.076	.010	.050	**.898**	0.35
宝塚を観るとリフレッシュできる	−.111	.158	−.026	.067	**.887**	−.035
宝塚を観ることで現実を忘れられる	.317	−.110	.149	−.155	**.620**	.006
宝塚歌劇の観賞は一種のステイタスだと思う	.062	−.002	−.051	−.057	.029	**.924**
宝塚歌劇を観る人は文化に造詣が深いと思う	−.076	.136	−.098	.039	.032	**.804**
宝塚歌劇に詳しいという優越感がある	.085	−.145	.222	.013	−.077	**.622**

注：因子抽出法は最尤法，回転法は Kaiser の正規化を伴うプロマックス法。

これらはすべて宝塚歌劇団に所属する生徒との関係に関する項目であり、理論枠組としたチクセントミハイのフロー概念を構成する因子では「競争、他者と自分との比較」に分類される。第1因子では、生徒に近づきたい、生徒と自分の関係を深めたいという動機が窺える。

第2因子を構成する項目は四項目ある（「自分も生徒のように成長したいと思う」、「宝塚は自分の自己研鑽の場になると思う」、「舞台内容が人生のあり方を考えさせる」、「宝塚を観ることによって、自分が高められると思う」）。これらはすべて宝塚歌劇が自分に何をもたらしてくれるか、についての自己認識に関する項目であり、フロー概念を構成する因子では「個人的技能の発達（自己研鑽）」に分類される。第2因子では、宝塚歌劇の鑑賞によって自分を高めたいという動機が窺える。

第3因子を構成する項目は四項目ある（「成長しそうな生徒を探すのが楽しい」、「生徒を応援したくなる」、「宝塚には生徒とファンが公演を一緒に作り上げる感覚がある」、「生徒の完璧でないところがよい」）。これら四項目はすべて「生徒の成長」に関する項目であり、フロー概念には含まれないが、スターシステムを有する宝塚歌劇や消費コミュニティにみられる消費動機である「支援」に分類される。第3因子では、生徒の成長の支援を基盤とした動機である。

第4因子を構成する項目は四項目ある（「宝塚で新しい友人関係を築くことができる」、「ファンクラブでの交流が楽しい」、「ファン同士の交流は大事だと思う」、「生徒との交流が楽しい」）。これらは生徒や友人といった宝塚歌劇に関係する人との交流や関係性に関する項目であり、フロー概念を構成する因子では「友情・交友」に分類される。第4因子では、宝塚歌劇の鑑賞という行為を通して人間関係を構築し、交流を楽しみたいという動機が窺える。

第5因子を構成する項目は三項目ある（「宝塚を観ることはストレス発散になる」、「宝塚を観るとリフレッシュできる」、「宝塚を観ることで現実を忘れられる」）。これらはすべて個人の心的解放に関する項目であり、フロー概念を構成する因子では「情緒的解放」に分類される。第5因子では、宝塚歌劇の鑑賞という行為を通してストレス等を解放したいという動機が窺える。

第6因子を構成する項目は、三項目ある（「宝塚歌劇の鑑賞は一種のステイタスだと思う」、「宝塚歌劇を観る人は文化に造詣が深いと思う」、「宝塚歌劇に詳しいという優越感がある」）。これらはすべて宝塚歌劇の芸術・文化的消費に関する項目であり、フロー概念を構成する因子では「権威・尊敬・人気」に分類される。第6因子では、文化・芸術消費として宝塚歌劇の鑑賞に関するステイタスや優越感という動機が窺える。

以上の六因子に関する考察から、第1因子を「接近欲求因子」、第2因子を「自己研鑽因子」、第3因子を「成長支援因子」、第4因子を「絆因子」、第5因子を「心的解放因子」、第6因子を「優越感ステイタス因子」と命名した。

前節にて仮説として設定した因子は、八つであるが（①それを経験することや技能を用いることの楽しさ、②支援、③個人的技能の発達、④友情・交友、⑤自己の理想の追求、⑥競争、他者と自分との比較、⑦情緒的解放、⑧権威、尊敬、人気）、因子分析の結果、六つの因子が抽出された。最終的に、①それを経験することや技能を用いることの楽しさと⑤自己の理想の追求は抽出できなかったが、両因子ともに今回の被験者すべての共通した動機であるからだと考えられる（すなわち、今回の調査の被験者となった宝塚歌劇のファンは全員、舞台の鑑賞を楽しんでおり、その非現実的な世界に魅力を感じていると解釈できる）。

4　宝塚歌劇の消費動機によるクラスター分析

クラスター分析の概要

前節では因子分析によって、今日の宝塚ファンが有する六つの消費動機（接近欲求、自己研鑽、成長支援、絆、心的解放、優越感ステイタス）が抽出された。それらはすべて今日の宝塚歌劇を支えてきた消費者像にみごとに適合した消費動機といえる。すなわち、和田（一九九九）が描いたファン像は、これらの動機によってファンクラブに入会し、宝塚歌劇を支えてきたに違いない。

では、今日、宝塚歌劇に深くコミットする超高関与消費者は、これらの動機をすべて有しているのだろうか。彼らはかつてのファン像のままなのか、それとも大きく変化しているのだろうか。こうした問いに答えるために、本節では宝塚歌劇の消費動機をベースにクラスター分析によって超高関与消費者の類型化を試みる。類型化の目的は、宝塚歌劇団とファンの超長期的関係のなかで、多様化するファンの特徴を明らかにすることにより、超長期的な関係性におけるマネジメントの手がかりをつかむことにある。

具体的には、前節で抽出された宝塚歌劇の六つの消費動機の因子得点を用いてクラスター分析を行った。クラスター分析とは、データの類似性に基づいて、対象を比較的似ているグループに分ける手法である。本章ではユークリッド距離・ward 法による階層的クラスター分析によりクラスターを設定し、五つのクラスターを特定した。その後、それぞれのクラスターの特徴を把握するためにクロス集計を行い、それらのデータを用いて各クラスターのプロファイリングを行った。被験者は先の調査に協力してくれた一三四名であり、分析には統計パッケージSPSSStatistics21を用いた。

クラスター分析の結果

クラスター分析ではセグメント間の違いが最も大きくなるセグメント数を決めることが重要であるが、その数を決めるための明確な基準はない。そこで、今回は四から七のクラスター数を設定し、それぞれのセグメントを比較したところ、クラスター数を五に設定したときに各セグメントに属する被験者数が最も均等になり、クラスター間の距離も大きかったため、クラスター数は五つに設定した。各クラスターの平均因子得点は表5-5のとおりである。

次に、各クラスターの宝塚鑑賞行動について行動指標となる九つの調査データを用いてクラスター間の比較を行った（表5-6）。次項では、これらの分析結果に加え、宝塚歌劇の鑑賞行動に関するカテゴリカル・データを用いて、各クラスターの特徴を分析していく。

各クラスターの特徴

(1) クラスター1

クラスター1は全体に占める割合が九・七%と最も小さなグループである。関東圏在住者が六

表5-5　各クラスターの平均因子得点

	クラスター1 (*n*=13/9.7%)	クラスター2 (*n*=30/22.4%)	クラスター3 (*n*=41/30.6%)	クラスター4 (*n*=21/15.7%)	クラスター5 (*n*=29/21.6%)
第1因子：接近欲求	0.56	−0.62	0.95	−0.26	−0.77
第2因子：自己研鑽	0.05	−1.03	0.82	0.54	−0.51
第3因子：成長支援	0.41	−0.71	0.69	0.14	−0.53
第4因子：絆	0.80	−0.64	0.92	−0.35	−0.73
第5因子：心的解放	−1.29	0.63	0.60	0.57	−1.33
第6因子：優越感ステイタス	−0.09	−0.68	0.75	0.32	−0.54

表5-6　各クラスターの宝塚鑑賞行動

	平均					
	クラスター1	クラスター2	クラスター3	クラスター4	クラスター5	全体平均
宝塚歌劇の鑑賞歴	15.4	11.9	14.3	22.9	17.6	15.9
宝塚大劇場	12.2	6.6	9.5	5.9	5.5	7.7
東京宝塚劇場	11.2	7.6	4.8	15.5	6.6	8.1
その他（地方公演，バウホール等）	8.4	3.4	4.4	4.1	3.4	4.3
観劇回数の合計	31.8	17.6	18.7	25.5	15.5	20.1
年間チケット代	¥198,850	¥131,634	¥141,780	¥173,335	¥101,656	¥141,307
年間グッズ購入代	¥39,309	¥15,033	¥34,049	¥46,763	¥23,931	¥30,105
年間交際費（お茶会など）	¥28,924	¥6,333	¥17,585	¥9,286	¥12,793	¥13,828
年間交通費・旅費	¥90,004	¥49,433	¥77,256	¥39,311	¥41,976	¥58,682
宝塚歌劇鑑賞に関する総消費額	¥357,087	¥202,434	¥270,671	¥268,695	¥180,356	¥243,922
友の会入会率	46.2%	43.3%	39.0%	66.7%	20.7%	41.0%
ファンクラブ入会率	53.8%	6.7%	39.0%	9.5%	6.9%	21.6%
お茶会参加率	84.6%	40.0%	65.9%	47.6%	37.9%	53.0%
宝塚歌劇関係の友人	15.1	3.0	4.3	3.7	3.2	4.7

一・五％、関西圏在住者が三〇・八％であり、全体平均よりも関東在住者の割合が多い（図５－４）。年代は二〇代から五〇代までほぼ均等に存在しているが、全体と比べてとくに二〇代、三〇代の若い年代の割合が多いことを特徴とする（図５－５）。このグループの平均鑑賞歴は一五・四年と全体平均とほぼ同じである。関東圏在住者が多いながらも、宝塚大劇場（一二・二回／年間）とその他の公演（八・四回／年間）にも足を運んでおり、実際に年間の

図5-4 クラスター別居住地域の内訳

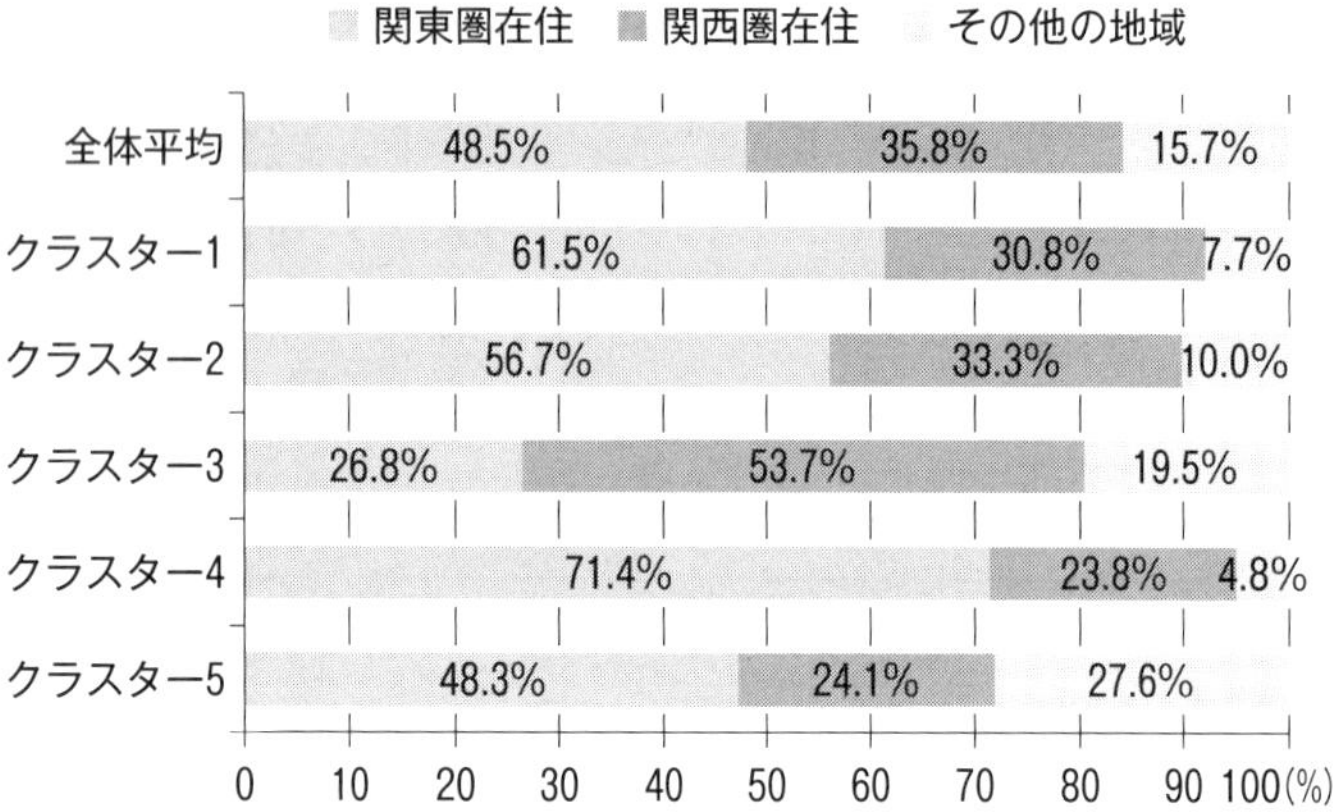

チケット代は一九万八八五〇円、交際費（お茶会等への参加）は二万八九二四円、宝塚歌劇鑑賞で使う交通費・旅費は九万四円となっており、宝塚関係の総消費金額は他のグループよりも圧倒的に高くなっている。すなわち、宝塚大劇場と東京宝塚劇場、その他の公演をあわせて年三〇回以上も宝塚歌劇の鑑賞に足を運ぶ層であり、宝塚歌劇に関する消費金額も最も高い層である。

このグループはファンクラブ入会率も五三・八％と半分以上が入会しており、宝塚歌劇のファンクラブを支える存在であるといえる。したがって、お茶会参加率も八四・六％と高く、宝塚関係の友人についても、全体平均が四・七人であるのに対し、このグループの平均は一五・一人と突出している。

クラスター1の因子得点をみてみると、心的解放因子がマイナス方向で非常に高く（－一・二九）、続いて絆因子（〇・八〇）と接近欲求因子（〇・五六）、成長支援因子（〇・四二）が、クラスター3に続いて二番目に高くなっている。心的解放、すなわち宝塚歌劇の鑑賞にリラックスを求めることなく常に高いテンションを維持し、ファンクラブを通じて生徒との関係性、接近欲求、成長支援を求める熱狂的なファンであることが読み取れる。これらの因子特性と先ほどの行動面を重ねあわせると、クラスター1は心理的にも行動的にも宝塚歌劇団の熱狂的なファンであり、ファンクラブ等に積極的に関わって人脈づくりに励むだけでなく、生徒に近づきたいという接近欲求と生徒の成長を支援したいという動機からお茶会等にも積極的に参加していることがわかる。したがって、クラスター1を熱狂的ファン層と命名した。

(2) クラスター2

クラスター2は全体の二二・四%を占め、関東圏在住者が五六・七%、関西圏在住者が三三・三%とクラスター1と同じく平均よりもやや関東在住者が多めとなっている（図5－4）。年代は四〇代が四三・三%、五〇代が二六・七%とあわせて七〇%を占めており、平均年齢がやや高いグループである（図5－5）。平均鑑賞歴は一一・九年と全クラスターのなかで最も鑑賞歴が短い。宝塚大劇場での年間鑑賞回数は六・六回、東京宝塚劇場での年間鑑賞回数は七・六回、その他の公演の年間鑑賞回数は三・四回と、すべてにおいて平均よりもやや少ない。宝塚関係の総消費金額も二〇万二四三四円とクラスター5に次いで低くなっている。

このグループは、ファンクラブ入会率が六・七%、お茶会参加率も四〇・〇%とクラスター5と

図5-5 クラスター別年代の内訳

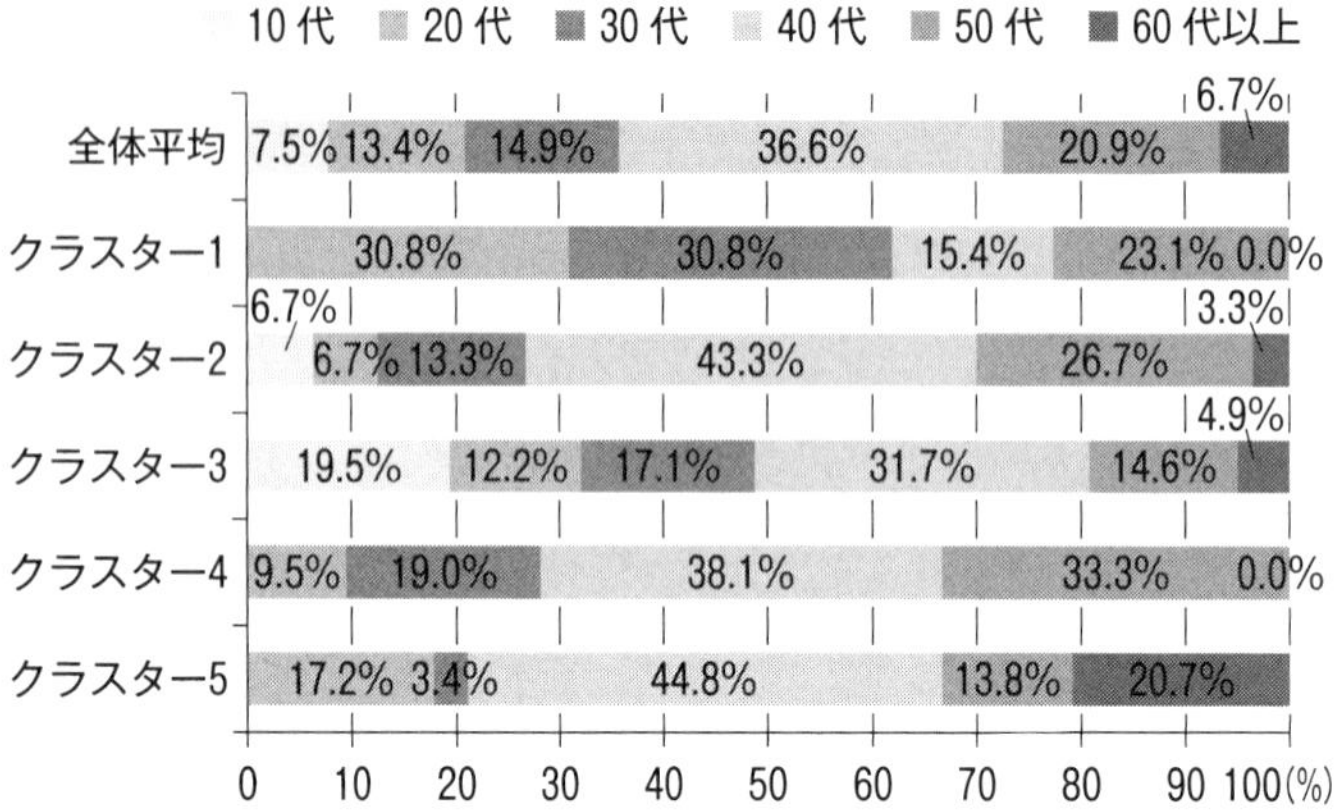

並んで低い。宝塚関係の友人については、全体平均が四・七人であるのに対し、このグループの平均は三・〇人と最も低い。このように行動面からは鑑賞歴も低く、それほど積極的な層ではないことがわかる（ただし、年間鑑賞回数は一〇回以上ということでヘビーユーザーであることには間違いない）。

クラスター2の因子得点をみてみると、自己研鑽因子（－一・〇三）、成長支援因子（－〇・七二）、優越感ステイタス因子（－〇・六八）は全クラスターのなかで最も低く、心的解放因子（〇・六三）が最も高い。これらの因子特性と行動面を重ねあわせると、クラスター2は宝塚歌劇の非日常性にリラックスを求める層であり、自分のリラックスのためだけに鑑賞行動を起こしていることがわかる。その意味では、行動面で示された生徒や友人との深い関係性を求めないという点も理解できる。したがって、リラックスだけを求める非日常消費層と命名した。

(3)　クラスター３

クラスター３は全体の三〇・六％を占める最も大きなグループである。関東圏在住者が二六・八％なのに対し、関西圏在住者が五三・七％と関西圏在住者の占める割合が最も大きいことが特徴となっていて、その他の地域に住む人の割合も一九・五％を占める（図５－４）。年代は四〇代が三一・七％と最も多いが、次に多いのが一〇代で一九・五％となっており、全クラスターのなかでも一〇代が最も多いクラスターである（図５－５）。このグループの平均鑑賞歴は一四・三年と全クラスターのなかで二番目に短いが、若い世代の多い層であることから、一概に鑑賞歴が短いともいえない。このグループは関西圏在住者が多いため、宝塚大劇場での年間鑑賞回数は九・五回と熱狂的ファン層であるクラスター１に次いで多い。それに対し、東京宝塚劇場での年間鑑賞回数は四・八回と、全クラスターのなかで最も少ない。宝塚関係の消費金額については、交際費が一万七五八五円、交通費・旅費が七万七二五六円と、クラスター１に次いで高くなっている。そのため、総消費金額も二七万六七一円と宝塚に関して二番目に消費するグループとなっている。

この層のファンクラブ入会率は三九・〇％とクラスター１に次いで高く、お茶会参加率も六五・九％と高い。関西圏在住者が多いことを踏まえると、関西圏でのファンクラブを支える存在ということもできるだろう。

クラスター３の因子得点をみてみると、すべての因子がプラスであり、接近欲求因子（〇・九五）、自己研鑽因子（〇・八二）、成長支援因子（〇・六九）、絆因子（〇・九二）、優越感ステイタス因子（〇・七五）の五因子は全クラスターのなかで最も高く、心的解放因子（〇・六〇）も全クラスターの二番目である。これらの因子特性と行動面を重ねあわせると、クラスター3は宝塚歌劇の消費動機すべてを兼ね備えた層であり、関西でのファンクラブを支える層である。これらは和田（一九九九）の指摘する一九九〇年代までの宝塚ファン層にみごとに合致する。したがって、関西在住で宝塚消費に積極的な古典的ファン層と命名した。

(4) クラスター4

クラスター4は全体の一五・七％を占め、関東圏在住者が七一・四％と全クラスターのなかで最も多く、関西圏在住者（二三・八％）とその他地域在住者（四・八％）が最も少ない（図5－4）。年代は四〇代（三八・一％）と五〇代（三三・三％）がほぼ半々で、五〇代の割合が全クラスターで最も多くなっている（図5－5）。そのため、全体的に年齢が高めのグループであるといえる。平均鑑賞歴は二二・九年と全クラスターのなかで最も鑑賞歴が長い。関東圏在住者が多いためか宝塚大劇場での年間鑑賞回数は五・九回と平均よりも低いが、東京宝塚劇場での年間鑑賞回数は一五・五回と全体平均のほぼ倍の数となっており、熱狂的ファンであるクラスター1を抜いて最も多い。関西を支えるクラスター3に対し、関東を支えるクラスター4ということができる。

年間のチケット代は一七万三三三五円とクラスター1に次いで高く、グッズ購入代は四万六七七六三円と全クラスターのなかで最も高い。グッズ購入代とは、ファンクラブ会員の場合はファンクラブ独自に製作・販売される生徒のグッズが想定されるが、宝塚大劇場や東京宝塚劇場などのオフィシャル・ショップではブロマイドやポスターといったグッズのほか、ＤＶＤや書籍等も含まれる。クラスター4はファンクラブ加入率が九・五％と低いため、ファンクラブではなくオフィシャル・ショップでの購買が想定される。このように行動面からは鑑賞歴が最も長く、東京宝塚劇場に積極的に足を運び、さらに繰り返し見るためにＤＶＤなどを積極的に購入する層であることがわかる。

クラスター4の因子得点をみてみると、自己研鑽因子（〇・五四）がクラスター3に次いで高く、心的解放因子（〇・五七）もクラスター2、クラスター3とほぼ同じぐらい高い。また、優越感ステイタス（〇・三二）もクラスター3に次いで高い。これらの因子特性と行動面を重ねあわせると、クラスター4は自分磨きとリラックスのために宝塚歌劇を積極的に鑑賞する層であり、そのような自分に優越感やステイタスを感じたいということがわかる。したがって、この層は自分の内面との関係で宝塚歌劇の鑑賞を行っていることから、自主消費層と命名した。

(5)　クラスター5

クラスター5は全体の二一・六％を占め、関東圏在住者が四八・三％、関西圏在住者が二四・一％と、平均に比べて関西圏在住者の割合が低いが、その他の地域の居住者が二七・六％と全クラスターのなかで最も高くなっている（図5-4）。年代は四〇代が四四・八％を占めるが、次いで六〇代以上が二〇・七％となっており、全クラスターのなかで最も高い比率となっている（図5-

5）。このグループもクラスター4と並んで年齢層が高めのグループであるといえる。平均鑑賞歴は一七・六年とクラスター4に次いで鑑賞歴が長い。宝塚大劇場での年間鑑賞回数は五・五回、東京宝塚劇場での年間鑑賞回数は六・六回、その他の公演の年間鑑賞回数は三・四回であり、観劇回数の合計は一五・五回と全クラスターにおいて最も鑑賞行動の少ない層である（ただし、先述したように年間鑑賞回数は一〇回以上ということでヘビーユーザーであることには間違いない）。宝塚関係の総消費金額も一八万三五六円と全クラスターにおいて最も少ない。

このグループはクラスター2と同じくファンクラブ未入会者が多く、入会率は六・九％である。お茶会参加率も三七・九％と低い。宝塚関係の友人についても、全体平均が四・七人であるのに対し、このグループの平均は三・二人である。このように行動面からは鑑賞歴が長いにもかかわらず、行動面ではヘビーユーザーとしては最も消極的な層であることがわかる。

クラスター5の因子得点をみてみると、動機を構成する因子がすべてマイナスであることが大きな特徴となっている。とくに心的解放因子（－一・三三）、接近欲求因子（－〇・七七）、絆因子（－〇・七三）は全クラスターのなかで最も低い。すなわち、宝塚歌劇の消費行動に対して熱狂的な側面が一つもみられない。ただし、それなりに宝塚歌劇を鑑賞し、消費行動を起こしているところが特徴的であるといえよう。その意味では、長期的な鑑賞歴のなかで熱狂性が失われており、その消費行動は見せかけともいえるし、惰性的ともいえる。したがって、お定まり消費層と命名した。

5 超高関与消費者の多様化

「宝塚というと、とかくディープなファンの世界というイメージ」（渡辺、一九九九）というのが宝塚歌劇を外からみる一般人に一致する宝塚歌劇へのイメージではないだろうか。ただ、その「ディープさ」に対して、直感的に理解しているだけであり、宝塚歌劇のファンに対し具体的なイメージをもたなかったことも事実である。

そこで、本章では、観劇回数が多く宝塚歌劇に一〇年以上にわたって深く関わる消費者、すなわち超高関与消費者の今日的群像を、因子分析とクラスター分析によって明らかにした。その結果、宝塚歌劇に関する超高関与消費者は熱狂的ファン層、非日常消費層、古典的ファン層、自主消費層、お定まり消費層の五つのグループに分けることができた。

この五グループに属するファンの個人的属性や消費の特徴をみていくと、先ほどの「ディープなファン」を代表するのは熱狂的ファン層や古典的ファン層であり、生徒という対象に対して入れ込むというパーソン消費の特徴を強くもつとともに、そのパーソン消費を軸としたファンクラブというコミュニティのなかで積極的な消費を展開していることがわかった。

それと同時に、宝塚歌劇が誕生してから一〇〇年を経るなかでの社会環境の変化によって、今日の宝塚ファンは非日常消費や自主消費、お定まり消費というように広がりをみせていることがわかる。宝塚歌劇のマネジメント・システムは少しずつ変わってきているうえに、女性のライフコースの変化も著しい。そのようななか、宝塚歌劇のファンも長期的に宝塚歌劇にコミットしていく過程で、少しずつ変化してきているといえよう。

だからこそ、一〇〇周年を迎えた現在、やはり宝塚歌劇においてもブランド・マネジメントを考え直していく必要がある。具体的にいえば、ディープながらも多様な宝塚ファンの特性にあわせて、それぞれのターゲットにあった関係性マネジメントを行っていかなければならない。次章では、五つのグループに関する検討をさらに進めることで、超高関与消費者の消費動機の変容プロセスと関係性マネジメントについて検討していくこととする。

注

1 たとえば Robertson（1998）は、宝塚歌劇からジェンダー、セクシュアリティ、ナショナル・アイデンティティに関する日本近代の問題点の探究を目指した。そこで、戦前から一九九〇年代のファンクラブの構造、ファンクラブ雑誌、ファンレターを分析し、ファン行動の内実やしきたりを析出している。しかしその焦点は、ファンのアブノーマル・ビヘイビアであった。

第6章

宝塚歌劇ファンの様相

✻超高関与消費者の変容プロセス

図6-1 宝塚消費の重層性と宝塚超高関与消費の多様性

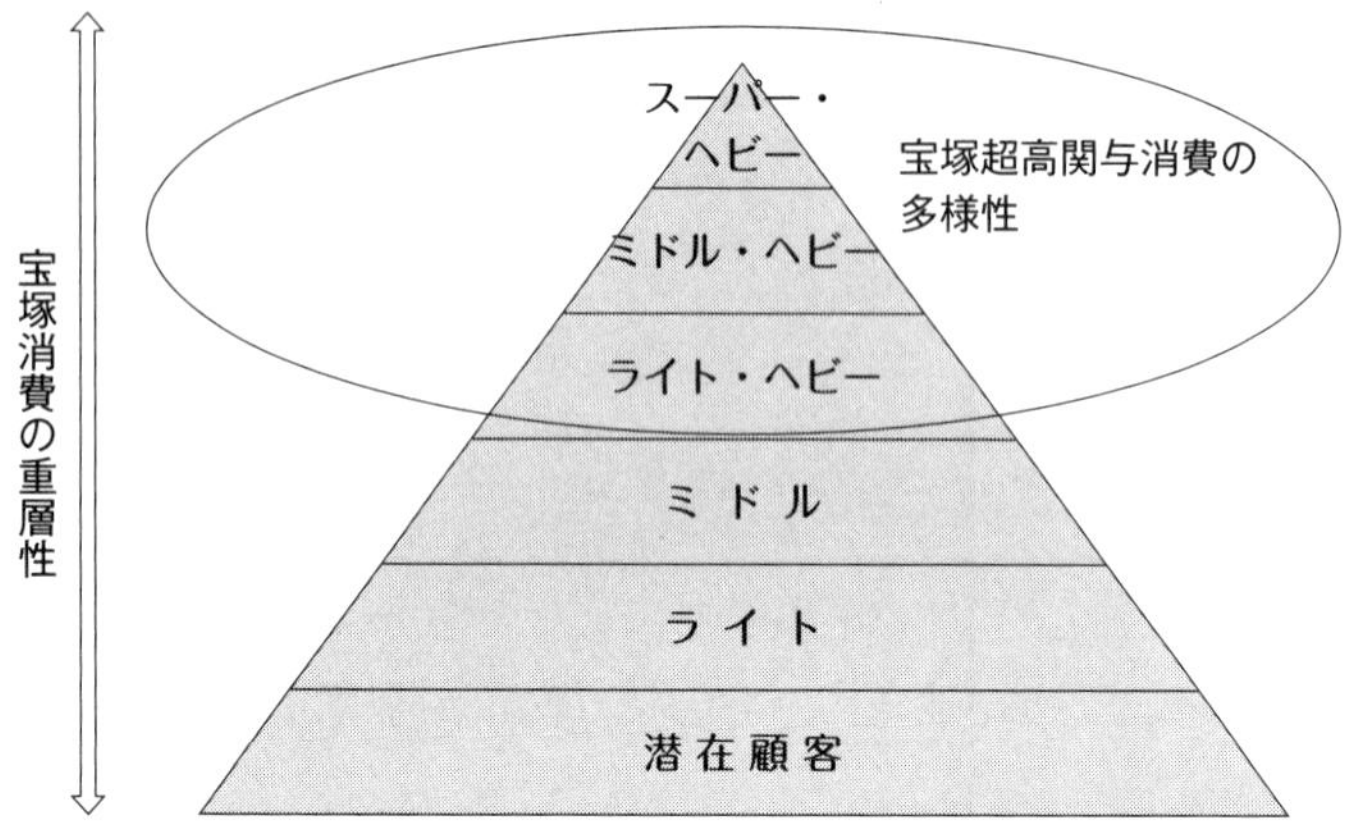

❁はじめに

本章では、本書でこれまで進めてきた宝塚歌劇の消費者行動分析を概観する。第4章では超高関与消費者の実像を把握するために、観劇回数によって宝塚消費者の類型化を行った。換言すれば、ここで明らかにしたことは宝塚歌劇ファンの重層構造である。この分析によって、顧客間インタラクションの様相が垣間みえたものの、宝塚歌劇への支援行動や他者推奨についての深い理解には至らなかった。

そこで第5章では、超高関与消費者である宝塚歌劇ファンの今日的群像を明らかにするために、因子分析によって、宝塚歌劇ファンのもつ六つの消費動機（接近欲求、自己研鑽、成長支援、絆、心的解放、優越感ステイタス）を抽出し、それに基づいたクラスター分析によって五つのグループ（熱狂的ファン層、非日常消費層、古典的ファン層、自主消費層、お定まり消費層）を析出した。これらの分析によって、宝塚歌劇のファンが一五年以上の長期にわたり同歌劇団に深くコミットし続けている超高関与消費者であることがデータでも裏づけられ、それとともにファンが多様化していることが明らかになった。

こうした結果は、顧客とブランドとの関係性が長期化するにつれて、顧客が変容していく可能性を示唆するものである。超長期的関係のなかで、多様化するファンをどのようにマネジメントしていけばいいのか。その問題について考えていくためには、マネジメントの視点から超高関与消費者についてさらに分析する必要がある。

そこで本章では、第4章、第5章の分析で用いた宝塚歌劇ファンのデータをもとに、超高関与消費者に対するマネジメントの素地となる分析をさらに進め、超長期的関係性のなかで超高関与消費者がどのようなプロセスを経て多様化していくのかについて考察する。

具体的には、五つの宝塚ファンの特徴について再確認した後、各ファン層のコミュニケーション意識、C to Cコミュニケーションの様相を解読する。それらの分析をもとに宝塚歌劇の超高関与消費者の変容プロセスを描写し、マネジメント対応に関する検討項目を提示する。

1　宝塚歌劇ファンの五つの消費者像

超高関与消費者の多様性を捉えるためには、その特徴の本質的要素をつかむ必要がある。そのため、まず第5章で捉えた五つのグループ（熱狂的ファン層、非日常消費層、古典的ファン層、自主消費

表6-1　5つのファン・グループの行動的特性

	熱狂的ファン層	非日常消費層	古典的ファン層	自主消費層	お定まり消費層
鑑賞歴	平均的	短い	平均的	長い	平均的
観劇回数（全体）	非常に多い	平均的	平均的	多い	少ない
宝塚での観劇	非常に多い	平均的	多い	少ない	少ない
東京での観劇	多い	平均的	少ない	非常に多い	平均的
その他での観劇	非常に多い	少ない	平均的	平均的	少ない
年間チケット代	多い	平均的	平均的	多い	少ない
年間グッズ購入代	多い	非常に少ない	平均的	非常に多い	少ない
年間交際費（お茶会など）	非常に多い	非常に少ない	多い	少ない	平均的
年間交通費・旅費	非常に多い	平均的	多い	少ない	少ない
宝塚歌劇鑑賞に関する総消費額	多い	平均的	平均的	平均的	少ない
友の会入会率	平均的	平均的	平均的	非常に多い	非常に少ない
ファンクラブ入会率	非常に多い	非常に少ない	非常に多い	非常に少ない	非常に少ない
お茶会参加率	非常に多い	少ない	多い	平均的	少ない
宝塚歌劇関係の友人	非常に多い	少ない	平均的	少ない	少ない

注：平均より±20%で多少を判断し、±50%で非常に多い、少ないを判断している。

層、お定まり消費層）の特性を簡単に確認しておきたい（表6－1参照）。

熱狂的ファン層は宝塚歌劇の観劇にリラックスを求めず、ファンクラブを通じて生徒との関係性、接近欲求、成長支援を求める熱狂的なファンである。その意味で生徒という対象に対して入れ込んでいるパーソン消費の特性を強くもつ。したがって、宝塚大劇場と東京宝塚劇場、その他の公演をあわせて全グループのなかで最も積極的に足を運ぶ層であり、宝塚歌劇に関する消費金額も全グループのなかで最も多い。熱狂的ファン層はその半数以上がファンクラブに入会しており、宝塚歌劇のファンクラブを支える存在となっている。そのため、お茶会参加率も非常に高く、宝塚関係の友人も突出して多いことが特徴である。

非日常消費層は自分のリラックスのためだけに観劇を行っている層である。全グループのなかで最も観劇歴が短く、宝塚大劇場、東京宝塚劇場で行われる本公演の年間観劇回数は平均的だが、地方公演やバウホール公演といったその他の公演についての年間観劇回数は全体平均よりも少ない。そのため、宝塚関係の総消費金額は平均的だが、グッズ購入や交際費にお金を使うことには消極的である。ファンクラブ入会率が非常に低く、それと連動してお茶会参加率も低くなっている。宝塚関係の友人が少ないことも、自分のリラックスのために観劇するという行動を裏づけているといえる。

古典的ファン層は生徒と関わり、支援したいといった動機をもっており、熱狂的ファンと同様に生徒に入れ込むというパーソン消費としての特徴がみられる。それ以外に、自分を磨き、優越感を感じたいといった動機や宝塚を通して他者との関係性を構築したいという動機をすべてもっている意欲的なファン層である。観劇歴と全体の観劇回数は平均的だが、宝塚大劇場での年間観劇回数が多く、東京宝塚劇場での年間観劇回数が少ないことから、主に関西圏における主要な観客であることがわかる。ファンクラブ入会率は熱狂的ファン層に次いで高く、お茶会参加率も高い。これを裏づけるように、宝塚関係の消費金額については、交際費と交通費・旅費が熱狂的ファン層に次いで多くなっている。

自主消費層は自分磨きとリラックスのために宝塚歌劇を積極的に観劇する層であり、それを通して優越感やステイタスを覚えることを望む層である。このグループの観劇歴は全グループのなかで最も長い。宝塚大劇場での年間観劇回数は少ないが、東京宝塚劇場での観劇回数は全グループのなかで最も多い。ファンクラブへの入会率が低く、宝塚友の会への入会率が高いことから、チケット入手先として宝塚友の会がメインとなっていることがわかる。年間のチケット代は熱狂的消費層とともに高くなっており、グッズ購入代は全グループのなかで最も高い。自分に向けた消費であることからDVDや書籍の購入比重が高いと考えられる。

お定まり消費層は宝塚歌劇の消費行動に対し、肯定的な動機を一つももちえないことが大きな特徴となっている。年間観劇回数は全グループのなかで最も少なく、宝塚関係の総消費金額も最も少ない。このグループは宝塚友の会とファンクラブへの未入会者が非常に多く、お茶会参加率も低い。宝塚関係の友人についても、全体平均よりも少ない。観劇歴が自主消費層に次いで長いにもかかわらず、行動面では全グループのなかで最も消極的な層である。このことから、長い鑑賞歴のなかで宝塚歌劇団への興味・関心が低下し、惰性的に観劇・消費行動を起こしていると考えられる。ただし、宝塚歌劇には超高関与状態であるため、代え難い存在と考えていて、コミットメントを放棄することは稀である。

2　宝塚歌劇の超高関与消費者層の再整理

❀ 再整理のための切り口

以上、五つのグループをみてきたが、これらのグループはまったく関連がないわけではなく、一部特徴が重なりあっている。そこで、ここではマネジメントの視点から五つのグループの再整理を試みたい。まず重要な項目は観劇回数である。現在、宝塚歌劇団の本公演回数は年間九〇〇回程度である。宝塚大劇場の二五五〇席と東京宝塚劇場の二〇六九席を埋めるには、年間二五〇万人以上の観客を動員する必要がある。そのため、新規顧客獲得のために積極的なプロモーションを行うか、既存ファンにリピーターとして何度も足を運んでもらう必要がある。今のところ、宝塚歌劇団では後者を重視していると考えられる。

次に重要な項目は消費金額である。宝塚歌劇の消費において、遠征（東京公演をメインに見る人が宝塚大劇場に観劇に行くなど、遠方の劇場に足を運ぶこと）に関連してかなりの交通費が発生するだけでなく、スターのグッズを購入したり、ＤＶＤを購入する、ファンクラブのイベントであるお茶会への参加等、観劇に関連して発生する費用も多い。超高関与消費者としてのファンの心理と行動をより深く考察するためには、チケット代だけではなく全体的な消費の傾向をみていく必要がある。

最後に、一〇〇周年を迎えた宝塚歌劇団にとって、次の一〇〇年を考えていくためには、長期的な関係性がますます重要になってくる。したがって、同劇団のスターシステムを支えるファンクラブに関する指標にも注目しなければならない。以下では、これらの切り口より、五つのグループを再整理していく。

五　グループの再整理

宝塚歌劇の観劇行動（観劇回数）については、熱狂的ファン層が最も多く、次いで東京での観劇

表 6-2 各グループの特徴

	熱狂的ファン層	古典的ファン層	自主消費層	非日常消費層	お定まり消費層
宝塚歌劇の観劇行動	全体的に多い	宝塚で多い	東京で多い	平均的	全体的に少ない
宝塚に関する消費	全体的に多い	関係性消費が多い	個人消費が多い	関係性消費が少ない	全体的に少ない
ファンクラブとの関係性	高い	高い	低い	低い	低い

に積極的な自主消費層と宝塚での観劇に積極的な古典的ファン層が多かった。非日常消費層は地方公演やバウホールといったその他の公演に関する観劇回数が少ないものの平均的であり、お定まり消費層は全体平均と比べて少ないことがわかった。ここからわかることは、熱狂的ファン層、自主消費層、古典的ファン層が行動を伴うファンとして重要な役割を果たしているということである。

次に消費金額に注目する。熱狂的ファン層は年間のチケット代、グッズ購入代、お茶会などの交際費、地元以外での観劇のために使う交通費・旅費のすべてにおいて消費金額が高かった。古典的ファン層と自主消費層の消費金額はほぼ同額であるが、それぞれ特徴があり、交際費と交通費・旅費にお金をかける古典的ファン層に対し、自主消費層はチケット代とグッズ購入代に支出する。非日常消費層のチケット代は平均的であったが、グッズ購入代や交際費へは支出していなかった。お定まり消費層は全体的に消費が低調であった。

この消費金額に関する分析結果をファンクラブ入会率と重ねあわせてみると、熱狂的ファンと古典的ファンのファンクラブ入会率の高さから、この二グループはファンクラブの活動の一つとして交際費と交通費・旅費にお金をかけていることがわかる。その一方で、自主消費層は非日常消費層・お定まり消費層とともにファンクラブ入会率が低い。そのため、グッズ購入代もファンクラブの活動とし

図 6-2　宝塚歌劇ファン・マップ

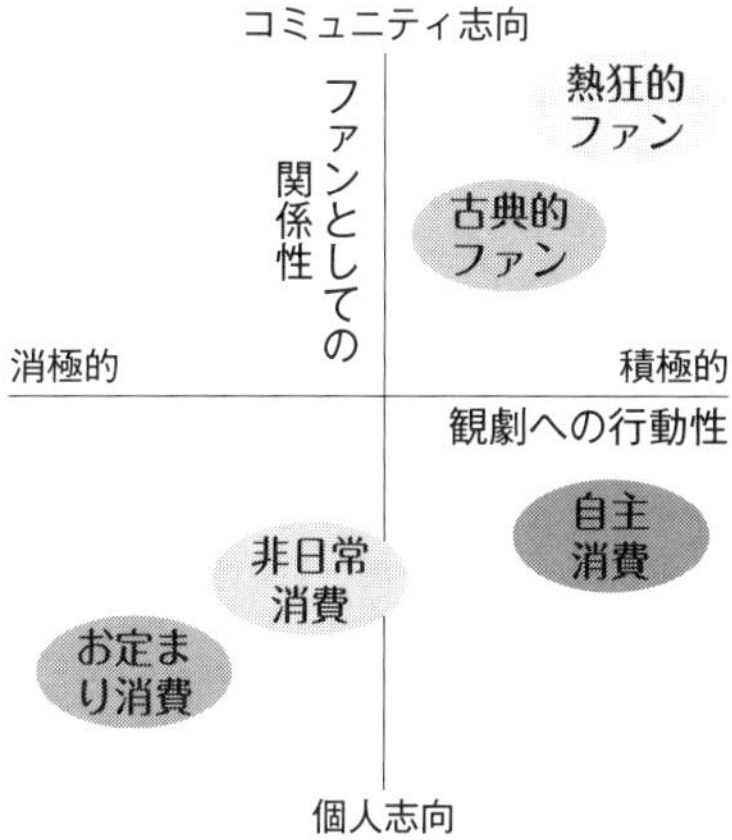

てではなく（宝塚歌劇の生徒のファンクラブは非公式であることから，それぞれのファンクラブが独自に応援する生徒の写真集や講演ごとの会服，応援グッズなどを作って販売することによって運営資金にしている），自身のための観劇の補完としてのＤＶＤ購入や書籍・雑誌の購入に当てられていると考えられる。言い換えれば，古典的ファンはファンクラブを通した生徒やファン同士での関係性の構築と維持のための消費（関係性消費）が多いのに対し，自主消費層は自身の満足のための消費（個人消費）が多いと考えられる。以上を要約すると，表６−２のようになる。

表６−２によると，熱狂的ファン層と古典的ファン層，自主消費層は消費行動，消費金額ともに積極的であることがわかる。ただし，関西を活動の中心とする古典的ファン層は関係性を大切にした消費を行うのに対し，東京を活動の中心とする自主消費層は個人消費が多いことがわかる。非日常消費層は観劇行動が平均

的ながらも関係性消費が少ない。また、お定まり消費層は消費行動、消費金額ともに消極的であり、熱狂的ファンと対照的である。

以上の考察から、観劇に対する行動性（積極的－消極的）とファンとしての関係性に対する志向（個人志向－コミュニティ志向）の二軸で整理することによって、この五つのグループの特徴が図6－2のように描き出される。図6－2によると、観劇に積極的な熱狂的ファン層、古典的ファン層、自主消費層のうち、熱狂的ファン層と古典的ファン層はファンクラブを支えるコミュニティ志向が高いが、自主消費層は個人志向である。また、行動に消極的な非日常消費層とお定まり消費層も個人志向である。ここからわかることは、宝塚歌劇ファンのなかでもファンクラブをはじめとする関係性に重きを置く人たちは基本的に消費が活発であり、観劇仲間がいるということが長期にわたる積極的な消費を支えているということである。これらの消費行動と志向を把握したうえで、次節では五つのグループのコミュニケーションの様相について分析していく。

3 宝塚歌劇ファンのコミュニケーションの様相

本節では、マネジメントの鍵となる関係性消費を考えていくために、超高関与消費者各層のコミュニケーションの様相について、さらに分析を加えていく。それを通じて、ファンクラブでのコミュニケーションにおける意識差やC to Cコミュニケーションも明らかにしていくこととする。

各層のコミュニケーションの行動データ

前章で析出された超高関与消費者の各クラスターについて、そのコミュニケーションに対する意識を捉えてみる。そのために調査で使用した心理測定変数のうち、コミュニケーション意向を測る五つの変数（「ファン同士の交流は大事だと思う」、「宝塚で新しい友人関係が築くことができる」、「宝塚で家族や友人との絆が深まる」、「観劇後に感想を言い合い、盛り上がることが楽しい」、「ファンクラブでの交流が楽しい」）に注目した。それらの平均値をクラスターごとに導き出し、各消費者層のコミュニケーション意向を求めた（表６－３）。また、各層のコミュニケーション行動を知るうえで、観劇の同伴者についても析出した（表６－４）。これらの結果をこれまでのデータや分析と照合させながら、解釈してみよう。

熱狂的ファン層のコミュニケーションの様相

熱狂的ファン層は心理的にも行動的にも宝塚歌劇団の熱狂的なファンであり、ファンクラブと積極的に関わり人脈づくりに励むだけでなく、生徒に近づきたいという接近欲求と生徒の成長を支援したいという動機をもつ層であった。すなわち、宝塚歌劇を通じた「他者との絆」の実感に重きを置いている。

行動側面に目を向けると、宝塚歌劇に関わる交際費は約二万九〇〇〇円と全クラスターのなかでは最高位であり、ファンクラブ入会率やお茶会参加率の高さから、交流への積極さが窺える。さら

表 6-3　各消費者層のコミュニケーションへの意向

	ファン同士の交流は大事だと思う	宝塚で新しい友人関係が築くことができる	宝塚で家族や友人との絆が深まる	観劇後に感想を言い合い、盛り上がることが楽しい	ファンクラブでの交流が楽しい
熱狂的ファン層	4.00	3.92	3.38	4.46	3.69
古典的ファン層	4.00	4.10	4.17	4.73	3.66
自主消費層	2.71	3.00	3.38	4.24	1.81
非日常消費層	2.63	3.00	3.30	4.03	1.80
お定まり消費層	2.66	2.45	2.62	3.55	1.69
平　均	3.20	3.29	3.37	4.20	2.53

注：5 点満点で算出。

表 6-4　各グループの観劇の同伴者の様相

	熱狂的ファン層	古典的ファン層	自主消費層	非日常消費層	お定まり消費層
友　人	少ない	非常に多い	少ない	多い	少ない
一人で行く	平均的	非常に多い	平均的	多い	少ない
伴侶・恋人	少ない	非常に多い	少ない	非常に少ない	非常に多い
親・兄弟・親戚	非常に少ない	非常に多い	平均的	多い	非常に少ない
職場の同僚	多い	多い	多い	多い	非常に少ない

注：多少の算出は表 6-1 と同様の手法による。

に宝塚歌劇によってできた友人は約一五名と、全クラスターのなかでは突出している。

コミュニケーション意向にあっては総じて高い値を示している。ただしこのなかで「宝塚で家族や友人との絆が深まる」という意識は比較的低い。同伴者の割合にもそれが反映されている。このことから熱狂的ファン層が宝塚消費を通じて「既存の関係」の絆を深めることよりも、新しい関係の構築やファンクラブというテーマ・コミュニティでの関係を重んじていることが窺える。

インタビューに応じてくれた関東在住のあるファンは、ファンクラブのメンバーと泊りがけで宝塚へ遠征することがあるという。「観劇後、仲間たちと喫茶店や飲み屋に行く。泊りがけで来ている人が多いので集まりやすく、それがまた楽しい」と述べている。あるファンクラブの元代表は「スタッフと仲がよく、スタッフと話をするのが楽しい」と話してくれた。そういったスタッフとの結束感がファンクラブ活動への大きな動機づけになっているようだ。

この層のファンたちはインターネットを通じても、他のファンとの関係性を育んでいる。ミクシーやツイッターなどといったSNSは、新規のつながりをつくるには適しているようだ。現にこの層に対するインタビューでは「ツイッターにお気に入りのタカラジェンヌの名前を入れ、ファンを探してスターの話題で盛り上がる」や「(ミクシーで)観劇のネットワークを作れた」という意見があがっている。フェイスブックにはスターも登録しており、それをフォローする人々の間でも交流があるという。地方に住むファン同士は頻繁に会うことは難しいが、観劇の感想をメールやSNSを通じて交換しあい、関係性を育んでいる様子もインタビューから窺えた。

これまでみてきたように、熱狂的ファン層は宝塚歌劇のコンテンツもさることながら、ファンのコミュニティやそこでのインタラクションといった関係性消費を希求していることが窺える。

古典的ファン層のコミュニケーションの様相

同様に関係性消費[1]を志向しているのが、古典的ファン層である。関西圏におけるファンクラブを支えてきた彼女たちは、宝塚歌劇に心身ともに入れ込んでいる層であり、コミュニケーション意向の指標も万遍なく高い。ファンクラブの入会率、交際費も非常に高く（表6－1）、ファンクラブでの交流を楽しみ、仲間たちと観劇後に感想を言い合うことに喜びを感じている（表6－3）。「話をする相手がいなければ、ハマる意味がないと思う」、「少しでも時間があれば、宝塚の話題になる。そうして今日は宝塚が見られてよかったなあと幸せになる」といった古典的ファンたちの発言は、それを如実に表している。

さらにこの層の特徴をよりはっきりさせるために、意向指標で他の層と比べて突出して高かった「宝塚で家族や友人との絆が深まる」という点に注目する。観劇同伴者のデータによれば、この層は親・姉妹・親戚とともに劇場へ足を運ぶことがきわめて多い。また、このクラスターの年代層は一〇代と四〇代に多い。これに鑑みると、母娘消費はいまだに根強く残っている、ということが推測できる。

インタビューを行った若年層のファンの多くも、宝塚歌劇にハマったきっかけとして母親の影響を挙げている。彼女たちは母親がかつてハマったスターを知悉（ちしつ）しており、宝塚歌劇にまつわる家族のブランド・ストーリーは、文化的遺伝子として世代を越えて脈々と継承されていることが窺える。

関係性マーケティングやそれに類するサービス・ドミナント・ロジックの文脈にあっては、商品の価値は企業によってのみ生み出されるのではなく、種々のステークホルダーとの共創によって生成されると考えられる（和田、一九九八、二〇〇二；Vargo and Lusch 2004; Lusch and Vargo 2006）。ファンの家族やファン自身それぞれの消費経験やブランド・ストーリーは、ファンクラブやＳＮＳなどコミュニティを通じて広く伝播し、文脈価値として社会における宝塚歌劇のブランド・イメージの形成や強化に寄与している可能性もある。

自主消費層のコミュニケーションの様相

前章の分析において、本クラスターは関東における宝塚歌劇の消費を支えていることが示唆された。その消費の様態は自分本位であり、自己研鑽に意識が向けられている。この層にとってファンクラブでの活動や交流は馴れ合いに思えるのかもしれない。そういった交流への関心の薄さが、コミュニケーション意識からみてとれる。

一方で行動的側面に鑑みると、この層に属するファンのいくらかはかつて古典的ファン層であったことも考えられる。ファンクラブへの未入会理由からは、煩わしさや費用面の問題が指摘されていた。われわれが実施したインタビューでは「ファンクラブに入ったからといって、良い席が確保できるとは限らない」といった感想を聞く機会が多く、費用対効果の低下がファンクラブへの関与を低下させていることが窺える。

ファンクラブの組織化が進めば進むほど、その締め付けの厳しさに耐えられないファンも出てきている。「ファンクラブは時間的な拘束があり、そのぶん劇場に行けない」と嘆いたファンもいた。ファンクラブでの関係性を窮屈に感じるファンが出てきていることが窺える。また、あるファンはネット社会の進展によるファンクラブの硬直化について語ってくれた。ネットの情報掲示板には宝塚歌劇のファンクラブに関わる情報も氾濫するようになっているという。「あそこのファンクラブは人数が少ないとか、ガードがちゃんとできていないとかいわれるんです。ファンクラブはそういうのを気にしていて、ルールを厳しくするようになっています」。ネットの口コミによる影響にとどまらず、ファンクラブ機能の変化は、ファンのコミュニケーション意識に影響を与えている。

草創期のファンクラブは、決まりも会費もなくゆるい集まりだったという。「一〇代、二〇代が集まり談笑しているのがファンクラブだった」と大阪在住のオールド・ファンは述懐してくれた。当時のファンクラブはまさに同好会という立ち位置であった。ファンクラブに制約度の高いマーケティング機能が求められれば求められるほど、同好会的なゆるやかさに慣れ親しんでいたファンや、時間的・金銭的制約を厭うファンの離反は避けられない。自主消費層の存在はそれを物語っている。

非日常消費層のコミュニケーションの様相

これまでの分析から、この層が宝塚消費を通じて求めているのは、日常を離れた気分転換であることがわかった。クラスター分類のもととなった因子得点では「心的解放」のみ正の値であり、残る項目は負の値が顕著である。

典型的な宝塚歌劇のファンはスターへの接近欲求を抱き、自己成長や支援の動機をもっていた。しかし非日常層はそのような動機をいっさいもたない。ファンによるスターの支援の発露にグッズの購入がある。ところがこの層は全クラスターのなかで、その消費額が年間約一万五〇〇〇円と最も低い。スターや他のファンとの交流の場となるお茶会などへの支出額も同様に低い（年間約六三〇〇円）。ファンクラブの入会率は約七%である。その理由を尋ねたところ、煩わしさ、費用、多忙など時間的・金銭的制約のほかファンクラブに関わるコミュニケーションを避ける傾向にある。これまで宝塚歌劇を通じてできた友人の平均値は約三名であり、全クラスターのなかで最下位であった。

ここまでのプロファイリングによれば、この層は個人での消費を好み、宝塚歌劇消費においては他者とのコミュニケーションには消極的であるようにみえる。ただし、友人や職場の仲間を同伴して観劇する傾向もあり、「観劇後の語らい」への意識も比較的高い。「舞台を見ると自分もそのなかの一人のような感覚になり、日常のことを忘れられる」と述べる女性ファンは、煩わしさから熱狂的な宝塚ファンの友人はつくらないという。ファン同士での宝塚歌劇の噂話は彼女にとって負担でしかない。一人で観劇をしていた彼女であったが、現在のご主人と出会ってからは、観劇の半分をともにしているという。観劇を重ねていくなかで、芝居の内容だけでなく、芝居の着目点の違いや宝塚歌劇の裏話を共有することを楽しんでいる。

以上からこの層は基本的に現実を離れ、日常を忘れられることを宝塚歌劇の消費に求めつつも、身近な人たちだけで消費を楽しんでいることが窺える。

お定まり消費層のコミュニケーションの様相

お定まり消費層は鑑賞行動ではヘビーユーザーの範疇にあるものの、ファンクラブ入会率は低く、お茶会などのイベントにも参加しない傾向にある。コミュニケーション意識をみても、すべての項目において他の層より下回っている。宝塚歌劇に関わる人的交流には関心がないようにみえる。ただし、かつてはファンクラブに所属し、会の活動も熱心に取り組んでいた経験、良き思い出はある。宝塚歌劇は自らの人生の一部であり、欠くことのできない存在であろう。自主消費層の分析でも触れたように、過去と現在のファンクラブのギャップは受け入れ難いのかもしれない。

「ファンクラブは時間を制約されすぎる。それだったら入らずに観劇したほうがいい。今はネットでも批評ができるし、交友関係をつくることは可能だ」と、あるファンはいう。また「われわれの時代とは違い、今は組織化されてしまって、少し怖い」というファンもいる。ファン・コミュニティ自体も生き物であり、同じような取り組みをしていても、時を経ればマネジメント手法の内実は変わりゆく。

ある宝塚歌劇団のOGはわれわれにこう語ってくれた。「ファンとは心と心がつながっていた。何度も辞めたいと思ってきたなかで、辞めずに続けられたのもファンあってこそ。こう考えると、ファンはファンというよりも家族という感覚。舞台に出る前のありのままを見せていて、弱い自分を支えてきてくれた」。

宝塚歌劇かどうかを問わず、ファン・コミュニティの黎明期はファンとスター（商品）の距離はきわめて近い傾向にある。顔の見える形でのアドバイスやサポートなど、まさに共創関係にある。現状はコミュニケーションに関して消極的であるお定まり消費層も、このようなコミュニケーション履歴をもちうる人たちが少なからずいるのである。

コミュニケーションの様相に関わるディスカッション

五つのファン層のコミュニケーションの様相を、関係性消費と個人消費の分類に基づいて、分析してきた。ここでは新規需要を拡大しうる前者について、とくに議論していきたい。関係性消費層に属する熱狂的ファン層と古典的ファン層は、コミュニケーションに積極的であり、CtoCでの関わりが絆となり、宝塚消費へのリテンションにつながっている。ただし、両者のCtoC観には少なからず相違が存在している。

熱狂的ファン層は、宝塚消費による新規の交流を楽しんでいることが窺えた。さらにSNSといったネット・コミュニティでは、顔も知らぬ宝塚ファンと宝塚歌劇談義で盛り上がっている。宝塚歌劇にハマリ始めの彼女たちにとり、わだかまりもなく宝塚歌劇について語りあえるネット・コミュニティは、手軽な関係性のツールなのだろう。その意味で、コミュニケーションの広がりが一つのキーワードになるのではないだろうか。

古典的ファン層は宝塚消費を通じた新しい関係性の構築とともに、既存の関係性の深化を楽しんでいる。「家族や友人との絆が深まる」というコミュニケーション意向、加えて同伴者の傾向からもそのことが窺える。さらには周囲の人々を宝塚消費へと誘う伝道師の役割も果たしうる存在と見なせよう。新規需要獲得のためには、重要な存在と位置づけられる。このなかには男性ファンの取り込みに関わるファンもいるだろう。ましてや母娘という家族消費も行う層であるから、さらに父(夫)の同伴も期待される。そのためには宝塚歌劇も、男性をファン化するための仕掛けに工夫を凝らさなければならない。

古典的ファン層に関わる懸念事項は、宝塚市との関係性である。宝塚大劇場を有する宝塚市はファンにとってムラと呼ばれ、とりわけ古典的ファン層にとって特別な存在として位置づけられている。この地域をおざなりに扱うことはファンのしらけを生むことにつながりかねない。それを防ぐために、またかの地に遠征しうるだけの特別感、観劇後の語らいの活性化につながる施策を、歌劇団としても検討しなければならないだろう。これは宝塚歌劇団やその親会社である阪急阪神ホールディングスグループの単独事業にとどまらず、産官学地域社会連携を志向した「宝塚市の地域ブランディング」によって実現しうるものと考えられる。

4 超高関与消費者の変容プロセス

次に、変容プロセスという視点から関係性消費と個人消費の様態を分析する。図6-3は年代別に五つのグループの割合を示したものである。概観すると、一〇代の八割を古典的ファン層が占め

図 6-3　年代別 5 グループの割合

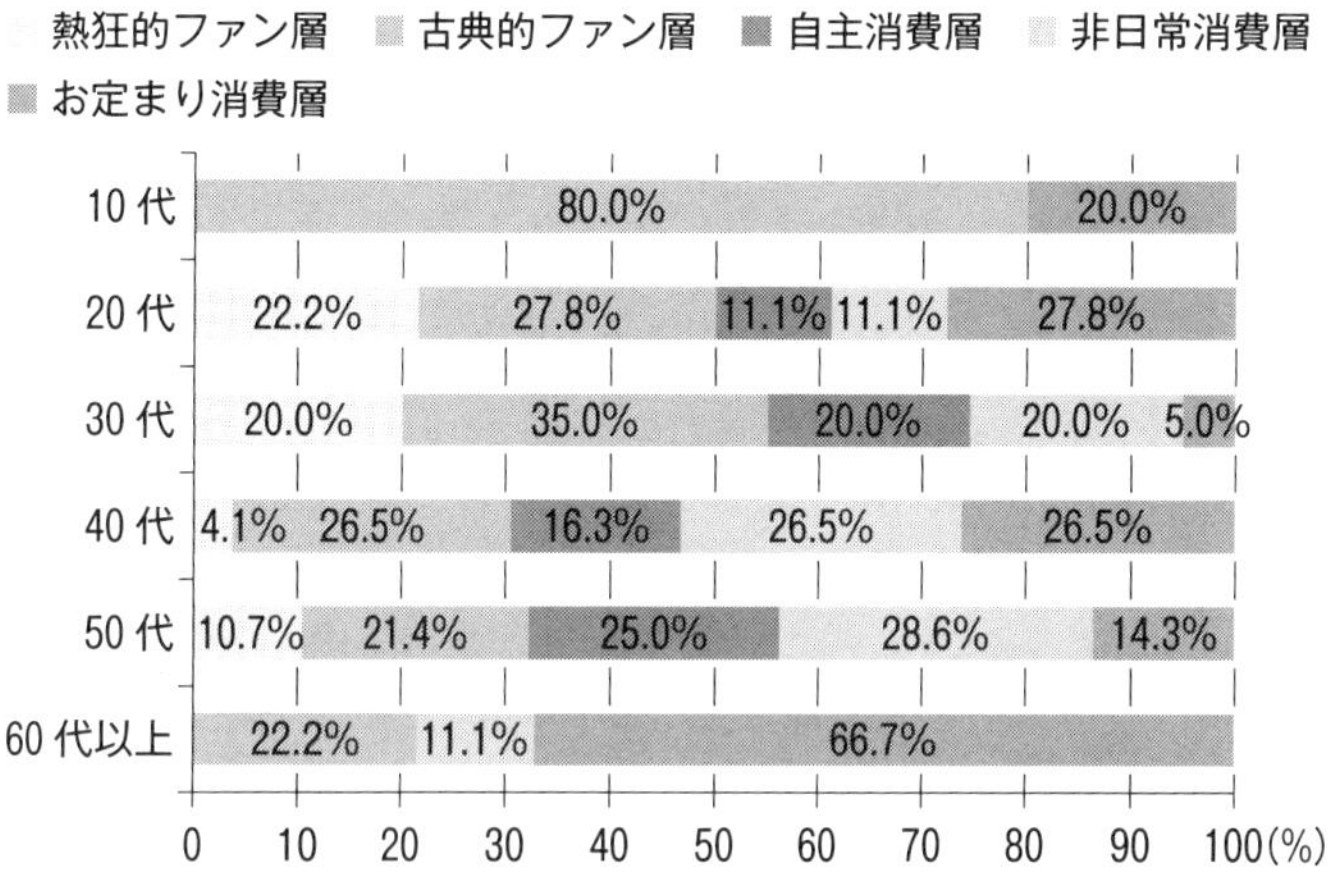

ており、反対に六〇代以上のファンの約七割をお定まり消費層が占めている。その間の年代は、すべてのグループが分散しているが、とくに二〇代、三〇代に熱狂的ファン層の割合が多くなっており、反対に四〇代、五〇代で非日常消費層が多いことがわかる。以下ではより詳しくみていく。

まず観劇歴の浅い一〇代、すなわち宝塚歌劇へのエントリー層と考えられる一〇代は、スターに近づきたいと考える古典的ファン層（八〇・〇％）と、割合は少ないながらも宝塚の非日常性に惹かれる非日常消費層（二〇・〇％）に分かれる。二〇代のファンも古典的ファン層が二七・八％もおり、さらに自分の時間とお金をもつ二二・二％が熱狂的ファン層になると考えられる。二〇代において、古典的ファン層と同じ比率でお定まり消費層が存在するのは、三〇代以上に比べて全体的に所得が少ないために、宝塚歌劇への消費にかけられないからだと考えられ

図6-4 超高関与消費者の変容プロセス

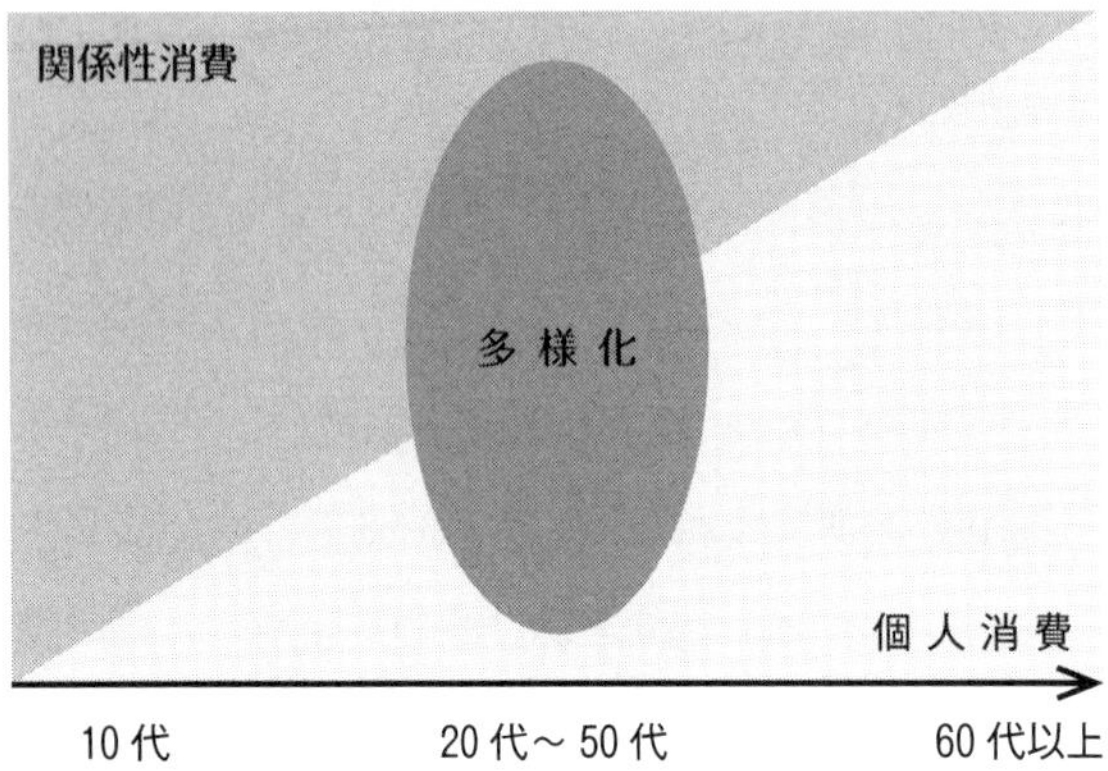

る。

三〇代で最も多いのは古典的ファン層（三五・〇％）であり、続いて熱狂的ファン層、非日常消費層、自主消費層がそれぞれ二〇・〇％となっている。関係性消費を重視する熱狂的ファン層と古典的ファン層をあわせると五五・〇％であり、三〇代の大きな特徴となっている。

四〇代になると、古典的ファン層、非日常消費層、お定まり消費層がそれぞれ二六・五％あり、続いて自主消費層が一六・三％、熱狂的ファン層は少なくなって四・一％である。個人消費がメインとなる自主消費層、非日常消費層、お定まり消費層をあわせると六九・三％とほぼ七割を占める。

五〇代も四〇代と同じ傾向を示しており、個人消費がメインとなる自主消費層、非日常消費層、お定まり消費層をあわせると六七・九％とほぼ七割を占めているが、その特徴としては、個人消費のなかでも積極的な行動力をもつ自主消費層の割合が二五・〇％と他の年代と比べて多いことが挙げられる。

繰り返しになるが、六〇代以上はお定まり消費層が六六・七％と非常に多くなっている。古典的ファン層も二二・二％と一定規模存在するが、全体としては個人消費がメインとなる非日常消費層とお定まり消費層で七七・八％となっている。

以上の分析を、関係性消費と個人消費の軸でまとめると図６－４のようになる。この図によると、一〇代の顧客は古典的ファン層が八割を占めていることからもわかるように、応援する生徒や家族を含めたファン同士との関係性を求めていることがわかる。二〇代以上になると超高関与消費者としての多様化が進むが、ファンクラブを支える関係性消費（すなわち、熱狂的ファン層と古典的ファン層）の割合は年代が進むにつれて低くなり、個人消費を志向する人の割合が高くなる。最終的に六〇代以上になると、最も消極的で個人的なグループであるお定まり消費層が約七割近くを占めることになる。

このように長期的な時間の流れで変容プロセスをみていくと、宝塚ファンは一様ではなく、最初は関係性消費に始まり、途中で多様化が進み、最終的に個人消費で終わるというパターンが描けることになる。

5 超高関与消費者に対するマネジメントの示唆

ファンのエイジングと関係性消費

第4章では、宝塚歌劇のファンに関するデータを分析することで、彼女たちの今日的様相を描き出した。そのデータによると、調査に協力してくれた宝塚歌劇ファンの六四・二%を四〇代以上が占めることがわかった。インタビューや劇場での数回にわたる視察の結果もこのことを裏づけている。宝塚音楽学校の受験資格は一五歳から一八歳となっているため、宝塚歌劇を演じる生徒は二〇代前後から三〇代であり、それを支えるファンは四〇代以上が中心であることを示している。

彼女たちは長期にわたり宝塚歌劇団に深くコミットしている超高関与消費者であることから、一〇代や二〇代からファンになり、同劇団とともにエイジングしていくことはとくにおかしいことではない。しかし、先ほどの変容プロセスに立ち戻ってみると、ファンの年齢層が高くなればなるほど個人消費志向が強くなり、最終的にはお定まり層として惰性的に宝塚歌劇を鑑賞する層が多くなる。

それに対し、比較的若いファンは宝塚歌劇を見ることに関連して、さまざまな関係性消費を生み出している。その一つがファンクラブでの活動であり、遠征といった特殊な消費形態である。関係性消費の重要な点は、他者に影響を及ぼすということであり、熱狂的ファン層はとくに関係性構築に熱心であることがコミュニケーション様相の分析からも示唆された。
その意味で、ファンの高齢化は、宝塚のマネジメントを考えていくうえでも大きな問題となっていくのではないだろうか。

関係性デザイン・ツールとしてのファンクラブ再考

先行研究が明らかにしてきたように、かつて宝塚歌劇のファンといえば古典的ファン層が主要な位置を占めていた。彼女たちの宝塚歌劇へのコミットメントは並外れて高く、劇場へ頻繁に足を運び、宝塚歌劇との関係を育んできた。ファンクラブを通じたさまざまなイベントは、コミュニティとの結びつきを強くしてきた。その一つに総見というイベントがある。

これには全ファンクラブのファンが集まる総見と、個々のファンクラブの会員が集まる総見がある。このイベントで割り当てられる席は二階席が主であり、観劇するには決して良席ではない。しかし、彼女たちは同じファンクラブであつらえた会服を着て、拍手を揃え一体となり生徒を応援する。それによって同朋意識が芽生えるのだという（宮本、二〇一一）。こういった意識は「ガード」と呼ばれる楽屋の入り待ち・出待ちでも醸成されている。待ち時間での宝塚歌劇や生徒に関する会話は、ファン同士の関係性を深めてきた。

しかし、先行研究やわれわれの消費者調査が示してきたように、今日ではファンクラブへ参加するファンの数も減少の一途を辿っている。現在は世帯の共働きも進み、世帯規模の縮小により、各人が担う家庭での役割も重くなっている。こうして人々の生活構造に変化が訪れた。それに伴って、時間コストへの意識も高まっている。ファンの多くは宝塚歌劇にきわめて高い関心をもちつつも、従前のような関わり方は難しくなりつつある。ましてやファンクラブへ身も心も捧げるというフル・コミットメントは、許されないだろう。宝塚歌劇の消費を支えてきた従来型のファンクラブは、現代人の環境に適応しなくなりつつある。一方で、現在では個人消費に位置づけられるファン層も、かつては関係性消費を嗜好し、現在でも顕在的にそれを望んでいる可能性がある。人々の生活構造が変化し、嗜好性が多様化するなかで、ファンクラブの内実、組織の形態は見直される時期に来ているように思われる。

従来型のファンクラブの生彩は失われていくかもしれない。そうであるとしても、ブランド価値共創の観点からファンクラブの役割は重要である。「サービス財の第一の特徴は、供給者と需要者が同一時空間を共有することである。そして、演劇というサービス財の最たる特徴は、劇場という場において供給者と需要者が『閉ざされた時空間』を共有すること」（和田、一九九八、八五頁）にほかならない。

閉ざされた時空間のなかで、観客は演目に集中し、演者の身振り、手振り、セリフまわしに酔いしれる。演者は観客の息づかい、ため息、掛け声、拍手を感じ、よりパフォーマンスの精度を高めていく。宝塚歌劇におけるファンクラブのメンバーは、その的確なタイミングを知悉し、演者のクオリティを高める役割を果たしている。また、OGたちのインタビューからもわかるように、ファ

図6-5　ブランド価値形成のインタラクション・プロセス

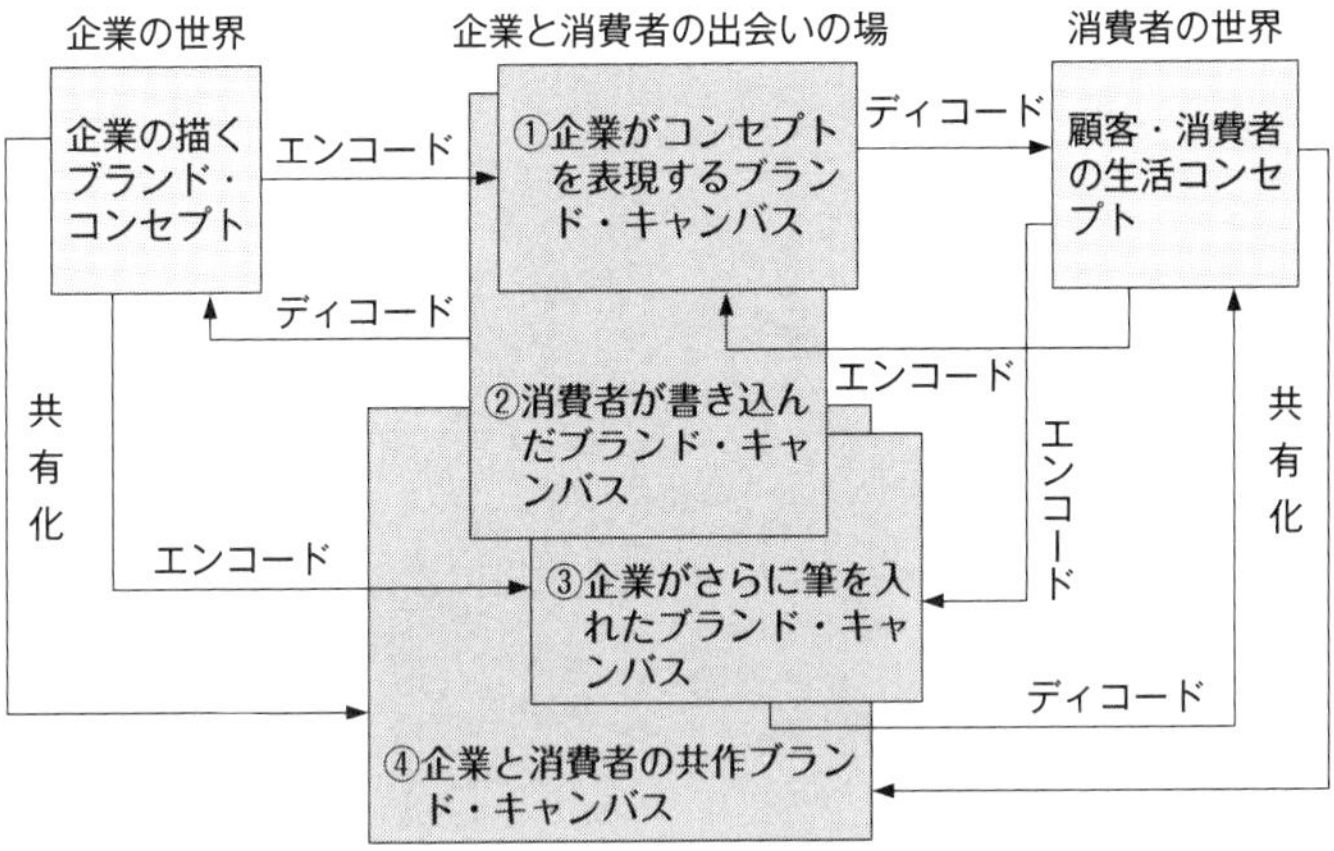

出所：和田（1998）225頁。

ンからのアドバイスは少なからず、演技パフォーマンスの質の向上に寄与してきた。

さらにファンクラブは文脈価値を媒介、醸成する場としての役割を担っている。ファン自身あるいはその家族が育んできた宝塚歌劇にまつわるストーリーが、ブランド価値として宝塚歌劇のブランドに内包されうることはすでに指摘したことである。

ブランド価値は企業と消費者とのインタラクション・プロセスによって形成される（図6－5）。宝塚歌劇の場合、これにスターやOGなどのさまざまなステークホルダーが関わって、そのブランド・キャンバスに彼女たちが共鳴しうるブランド価値が描かれていくのである。

営利・非営利にとどまらず、コミュニティ駆動のマーケティングを志向する主体は増えつつある。超高関与消費者を育むその有用性は疑うべきところでない。今回の分析から、当初は一様であった超高関与消費者も、消費を重ねていくことによって多様化していくことがわかった。宝塚歌劇団はその状況を理解し、ファンの多様性に即したコミュニケーション対応を模索していく必要がある。コミュニティ駆動のマーケティングから生成しうる課題に、宝塚歌劇は先んじて直面しているのである。

注

1　この層に該当するファンは、「関西は地域が歌劇を支える土壌がある」と述べている。宝塚歌劇は関西のファンにとって地域ブランド資産であり、居住意向の動機づけに寄与している可能性がある。

第7章
宝塚歌劇団のマネジメント施策

はじめに

宝塚歌劇団のマネジメントは、第3章でも述べたようにこれまで必ずしも順風満帆な経営体制ではなかった。幾度かの危機を乗り越え現在に至っている。宝塚歌劇団の歴史は市場適応と需要創造の歴史といってもいいであろう。また、宝塚歌劇団の変容や市場環境の変化によってファン活動もその姿を変えてきており、本章ではまず宝塚ファンの変遷について述べる。さらに本章では、市場環境が変化するなかでの今後の宝塚歌劇団のマネジメントについて考察を行う。

1 宝塚ファンの変遷

どの企業も同じであるが、顧客なくして企業は存続できない。宝塚歌劇団の歴史は宝塚ファンの歴史でもある。ここでは宝塚ファンの歴史的な変遷を辿ってゆく。宝塚ファンの歴史は、宝塚歌劇団同様に『ベルサイユのばら』以前と以後では様相が異なるというのが一般的な意見である[1]。そのため本節でも、『ベルサイユのばら』以前と以後でファン活動を分けて、その変遷を追っていく。

『ベルサイユのばら』以前の宝塚ファン

現在、宝塚ファンといえば女性であり、沿道などで男役の生徒の出待ちをするファンが一般的にイメージされる宝塚ファン像である。また、第4章の分析でもファン層のほとんどは女性であることからも、「宝塚ファン＝女性」であるとの認識は間違いではないと考えられる。

しかしながら、宝塚歌劇の始まりから戦前にかけては男性の熱心なファンの方が多かった。とりわけ、当時の高校生や大学生に人気が高く、そのため娘役の人気が高くブロマイドの売上も現在とは逆に娘役のものがよく売れていたようである。中本（二〇一一）によると、第二次世界大戦時にこの状況が少しずつ変わっていったとのことである。旧制中学校での宝塚歌劇観劇の禁止令などもあり、男性が劇場に行きづらい状況になっていく。戦後になると男性は猛烈サラリーマンとなり、劇場に足を運ぶ人が激減していった。

男子が空いた穴を埋めたのが女性である。とりわけ『モン・パリ』以降、恋愛ものが宝塚歌劇の重要なテーマとなってくる。そうすると、自然に男役の役割が増してくる（中本、二〇一一）。そして女性のファンがますます増えるという構造になり、やがて宝塚ファンといえば女性となっていった。

『ベルサイユのばら』以降の宝塚ファン

宝塚ファンも一九七〇年半ばまでは生徒とお茶をしたり、演劇上のアドバイスを生徒に行うなどの交流をもっていたが、『ベルサイユのばら』ブームの到来とともにファンの数が増えていき、生徒を人混みから守るファンによるガードなどが必要となり整備され始めていったようである。このため、かつてのようにファンと生徒が親しくお茶をする場などが減少し、生徒はファンにとって遠い存在となっていく。[2]

一九八〇年代にはファンクラブ活動はさらに整備され、宝塚歌劇の特徴である生徒個人を応援する私設のファンクラブが「生徒の名で、チケットをとる権利、生徒の楽屋の出入の手伝いをする権利、劇場前に人垣（ガード）をつくる権利」（宮本、二〇一一、四八頁）を宝塚歌劇団から認められている。彼らはまた、オリジナルTシャツなどの会服を作るなど団体としてのまとまりを形成していったものと思われる。中本（二〇一二）では一九八九年に公演された「第二次ベルばらブーム」においてファンの数が膨れ上がり、ファンクラブの役割を加速させたとしている。一九九三年までは、チケットは先着順で取得できるため早く並ぶほど良い席が購入できた。以降は、抽選形式となりチケットが取れるかどうかわからない事態となる。

宮本（二〇一一）ではファンクラブの重要な活動の一つとして、チケットの確保を挙げている。ファンクラブの会員が協力して並びチケット購入の整理券を受け取り、ファンクラブの幹部に渡すのである。ファンはファンクラブの貢献度（イベントの開催や、人気のない公演でもチケットを購入し観劇するなど）に比例して良席のチケットを受け取れるという仕組みができ上がり、宝塚ファンにとってファンクラブにおける貢献度の重要性が増していくという構造ができていった。

一九九〇年代は宝塚黄金期といっているファンも多い。この時期、宝塚の人気は頂点に達しファン数が一気に増えていく。中本（二〇一二）によると、スターとのお茶会も一九七〇年代は二〇名程度であったのに対し、九〇年代になるとホテルの宴会場を貸し切りにして五〇〇名以上という場合もあり、花で飾られたひな壇に座るスターの話を聞くというように変化をしていった。この時期に、生徒の入り待ち・出待ちやチケット分配の仕組み、グッズ販売、ファンクラブ内での序列、宝塚を観劇するうえでのルールなど宝塚ファンの典型的行動パターンが完成したと考えられる。

二〇〇〇年代にはインターネットの普及によって、ファン同士の個々のつながりが活発となる。とくにインターネットによって大きく変わったのは、チケットの流通システムであった。従来のようにファンクラブに加入しなくても、個人がチケット・サイトなどを通じてチケットを手に入れられるようになった。宝塚ファンは一九七〇年代以降、個々人の活動から大きな集合体としての活動が主流となっていったが、ファンクラブに依存しなくてもチケットを購入できるルートがインターネットの普及により確保できるようになったこともあり、宝塚ファンは個々人としての活動と、ファンクラブとしての活動との両方を選べる時代となる。

インターネットは宝塚ファンの活動も大きく変えている。宝塚歌劇に関するさまざまな噂がネット上に書き込まれるために、ファンにはある程度のメディア・リテラシーが求められるようになっていった。また、ＳＮＳの普及などによりファンが公演内容や感想を自由に書き込めるようになり、宝塚ファンの友人が身近にいなくともリアルタイムの情報を交換できるようになった。このように二〇〇〇年代に入りファンの消費の方法はこれまでになく変化してきたと考えられ、同時に今日のファン行動の多様性を生む土壌が完成したといえるだろう。

以上が大まかなファンの変遷である。このようなファンは現在どのような特徴をもち、どのような点が今後の課題として指摘されるのであろうか。現在のファン層については第4章で触れたように、宝塚ファンは三〇代以上の女性が多く占める。われわれはインタビュー調査の際に一〇代、二〇代（主に大学生）のファンとも多く接触をもったが、チケットの価格が高く、なかなか行くことができないなどの感想をもっていた。また、これまでであれば宝塚のファンになりそうな層がアイドル・グループなどに流れているという感想をもつファンも多かった。第6章で検討したとおり、ファンのエイジングに直面する宝塚歌劇団にとって、新たなファン層の獲得は重要な課題である。

2 宝塚歌劇の今後の方向性

抽出された課題：一〇〇周年を迎えた宝塚歌劇

創業者の小林一三による徹底した「大衆娯楽主義」を実践してきた宝塚歌劇。この基本理念のもと本拠地宝塚の宝塚大劇場（二五五〇席）および東京日比谷の東京宝塚劇場（二〇六九席）の専用劇場において、公演を年間通して行いチケットの大量販売によって、経営が維持されてきたといえる。前述したようにその実績は、宝塚歌劇の公演成績は本拠地・宝塚大劇場での客席稼働率こそ八〇％台で推移しているが、東京宝塚劇場はほぼ一〇〇％であり、高業績を維持しているといえる。

現在の宝塚歌劇という存在は、ファンクラブが生徒を支えるという構造によって成り立っている側面もある。第5章でも触れたようにファンがファンクラブに加入する動機としては、生徒の情報取得や、チケットの確保、それもあこがれのスターを間近（良席）で見ることにある。このような要因によってファンクラブが盛んなことも、高業績の一端であるといえよう。

かつて和田（一九九九）は、宝塚歌劇のファンの観劇のきっかけは母親や祖母に子どものころに大劇場に連れて行ってもらったということであり、「初めての観劇に魅せられた多くの少女たちは、やがて中学・高校・大学に進学するにつれて自らの小遣いやアルバイト代を貯めて、今度は自分一人あるいは友人・知人と観劇に来る。スターにあこがれスターの一挙一動に胸をときめかす『夢見る少女』の誕生である」（八一頁）と指摘した。

現在の超高関与ファン層の中心は宝塚ライフステージ（第5章参照）の「本格的復帰の時期」に値する四〇代・五〇代が五七・五％と半数以上に対して、「自立的鑑劇期（夢見る少女）」の一〇代・二〇代のファン数は二〇・九％となっている。四〇代・五〇代のファンと比較して一〇代・二〇代のファンが相対的に少ないことは、問題であると考えられる。

今後、宝塚歌劇団が長く事業を継続させていくためには、顧客層のエイジングへの対応すなわち若い顧客の取り込みと、ファンクラブの活性化が課題となる。

このような課題に対して、どのような解決策が考えられるであろうか。マーケティング・マネジメントの立場から整理を行う必要があろう。河島（二〇〇二）によると、文化団体におけるマーケティング・マネジメントとして、①ある市場への進出・後退（競合との兼ね合いによる進出・撤退における意思決定）、②あるセグメントの攻略（特定の顧客層に集中し周知活動等を行う）、③活動内容の特殊化（ある特定のジャンルのみの上演を行うなど）、④「商品」構成の変化（オーケストラという演目に新しく映画音楽を加えてみるという判断）、⑤デリバリーの変化（文化ホールだけでなく、普通の人々が親しみやすい場所での演奏）、⑥新しい価格体系の構築（全席一律料金ではなく、チケット料金に高低を付ける。それにあわせて特典を付与するなど）があるとしている。河島（二〇〇二）はこれらの枠組を、マーケティング4Pの観点から分析する必要性について述べている。

そのため本章では、河島（二〇〇二）を参考にしながら、マネジリアル・マーケティングにおける、マーケティングの4P（Product, Price, Promotion, Place）の枠組から若年層獲得のための宝塚歌劇団における戦略の整理・提案を行い、さらに関係性マーケティングの枠組において、どのようにファンを醸成するのかについて考察を行う。

❀ プロダクト（Product）

宝塚歌劇の公演形態は、劇団による劇団員を起用しての公演である（文学座、俳優座、民芸などのいわゆる新劇の劇団と同様）。一方、公演の実施にあたり、鉄道会社の社員が多くコミットしているというのはきわめて異質な印象がある。これには阪急電鉄の創業からの苦難ともいえる歴史が大きく関係している。第3章でも触れたように、電車に乗る客の増加を図るためのさまざまなアイディアのなかから宝塚歌劇団が誕生したことが関連している。その結果として、宝塚歌劇団は、「自己完結型のスキーム」による事業展開が生まれたといえる。

自己完結型のスキームとは、宝塚音楽学校で二年間教育し自ら育成した女性たちを宝塚歌劇団に劇団員（生徒と称する）として自前の劇団（宝塚歌劇団）に入団させ、専属契約を結び、保有する自前（専用）の劇場（宝塚大劇場・東京宝塚劇場など）に出演させ、自前（専属）のスタッフ（演出家・音楽家・振付家・美術デザイナー・衣裳デザイナーなど）を有し、自前（専門）の工房（大道具、小道具を含む舞台装置・衣裳）を有している点などが挙げられよう。また、現在の公演事業は推計一八〇億円程度であり、その他事業を概算すると推計二三〇億円程度であり、日本において大きな規模の劇団であることがわかる。[3]

小林公平元阪急電鉄社長が、宝塚歌劇の魅力の一つは「偉大なるマンネリズム」と表現したことがある。この言葉には観客が宝塚に求めるものに「美しさ」「華やかさ」「夢の世界」「お約束事」等々があり、これらを大事にしたいという思いがメッセージ化されていると思われる。観客動員が好調時には問題ないが、競争者が多様化した現在では、この強みが弱みとなって、改革改善の風が吹かない状況になっているのではないかとも考えられる。

宝塚歌劇の作品の特徴は基本的には新作主義であり、再演は行わない。宝塚歌劇の作品は、オリジナル作品やブロードウェイ・ミュージカルの導入であり、最近はさまざまなゲームや小説などを題材とした作品も多い（とくに、ゲームや小説を題材とした作品は、新規顧客を劇場に足を運ばせる効果もみられる）。しかしながら、一〇代・二〇代の女性へのファン・インタビューなどから、これまで宝塚歌劇団のファンになりそうな層のかなり多くが、ジャニーズや女性アイドルグループに流れているとの感想をもつファンもみられた。今後、若年層ファンを惹きつけるための施策についでは熟考する必要があるだろう。

宝塚歌劇の作品は一度ハマれば、永続的関与が導かれやすい特徴があることは第4章でも述べた。まずは、興味をもってもらう演目を増やすことが重要である。

価格（Price）

二〇一四年における宝塚歌劇の観劇価格は、SS席一万二〇〇〇円、S席八三〇〇円（東京宝塚劇場は八八〇〇円）、A席五五〇〇円、B席三五〇〇円である。これに対して、お小遣いをもらっている人は高校生では六〇％、大学生では四三％であり、このうち高校生のお小遣いは平均七〇〇〇円、大学生は平均一万八〇〇〇円であった（インテリジェンス、二〇〇七）。

章末の付属資料2は、宝塚大劇場および東京宝塚劇場の料金推移である。これによると、宝塚大劇場で一九八〇年にはS席が二〇〇〇円であったが、現在は八三〇〇円と四倍近い値上げが行われている。かつて一〇代がお小遣いで購入できたB席でも八〇〇円から三五〇〇円と、四倍超の値上げが行われている。インタビューでは、かつてのファンは喫茶店でお茶をすることを我慢すれば、宝塚を観劇することができたと述べている。しかし現在では、高校生・大学生には値段が高すぎて気軽に宝塚歌劇を見に行くことができない。

これまでの宝塚ファンは宝塚ライフステージにみられるように、一八歳から二二歳までを自立的観劇期として熱心にハマる時期であるとしている。その後、社会人、結婚、子育てと忙しくなり、三五歳を過ぎて再び宝塚に戻ってくるとされている。しかしながら、現在のような価格体系であると、たとえ好きになったとしても現実的にハマることができない状況がみられる。若年層に向けた新たな価格体系について見直す必要があるだろう。たとえば文化芸術団体は、高校生・大学生向けの当日券等をかなり割引価格で用意するなどして、若年層ファンの取り組みを行っている。

広告宣伝・販売促進（Promotion）

宝塚歌劇団は阪急電鉄の事業部との位置づけである。このため、とくに自前（自社）の広告媒体（CS専門チャンネル、電車の車内吊り、駅張りポスター、沿線PR誌など）を活用し、また、自前の印刷媒体を活用して（ハウス・マガジン『歌劇』『宝塚GRAPH』）販促展開を行っている。他にも、新聞広告では、宝塚大劇場・東京宝塚劇場ともに、一般販売直前に『朝日新聞』（年間五回）・『読売新聞』（年間五回）いずれかの夕刊に五段掲載を行う。また、交通媒体（JR通勤電車、東急・東京メトロの車内映像に露出、東急・東京メトロのPR誌、『日経ウーマン』）などにも広告を行っている。これ以外にも各種テレビでの生徒の出演など、マス広告に関しては積極的展開を行っている。出稿量を考えれば、ある一定以上の認知はされているといえるだろう。

宝塚歌劇のチケットは、『ベルばら』ブーム以降に、ファンクラブがチケットを取るために長い列をつくったことがテレビで取り上げられるなどした影響で手に入りにくいイメージが強い。しかし現在のところ、宝塚大劇場の客席稼働率は八〇％台であり、観劇の席さえ選ばなければ比較的手に入りやすい状況にある。まずは初心者に観劇してもらうことを目標にするためにも、宝塚大劇場は観劇できるということを周知することも大切かもしれない。

これまで宝塚歌劇は、前述のようにマスに対する宣伝告知、販売促進を行ってきている。しかしながら、地元への貢献、とくに阪急沿線エリアに関する積極的な営業活動はあまりみられない。またインターネットの対応に関しても、既存顧客に向けたコンテンツのみならず、新規顧客開拓に向けたユーザビリティの良いコンテンツのあり方も、さらに検討を行う必要があろう。

交響楽団などの各種文化団体は、販売促進活動の一環として中学、高校に対してアウトリーチ活動などを行い、着実に地元に溶け込み、成果をあげている。宝塚歌劇が若年層および地元の地域住民を取り込むには、このように各種文化団体が行っている施策を実行することにより、よりいっそうの顧客獲得が可能になると考えられる。

流通（Place）

宝塚歌劇の流通に関しては、どこで見るのかという問題と、どのようにチケットを手に入れるのかという問題の二つの種類がある。

宝塚歌劇は、主劇場である宝塚大劇場、バウホール、東京宝塚劇場の他に、日本青年館、梅田芸術劇場、博多座、中日劇場、その他地方公演を行っている。宝塚大劇場のある宝塚市栄町は一九一

○年箕面有馬電気軌道の終点駅として誕生したエリアであるが、東京宝塚劇場のある日比谷のような都心と違い、ショッピングなどで他エリアからの人たちが立ち寄ったり、通りすがりに情報を得るようなエリアではない。

宝塚大劇場は長く宝塚ファミリーランド（かつての宝塚新温泉および宝塚パラダイス）の施設としての位置づけであった。そこには関西地区を中心にファミリー、若者たち、学校団体、職場の団体などレクレーションの場としての大きな役割があり、さらに全国からの修学旅行も多数来ていた。第6章でも述べられているように、古典的ファンにとっては、宝塚市は特別な地域である。ファンから「ムラ」と呼ばれるこのエリアの、東京では味わえない特別な価値体験を検討する必要があろう。

チケットの流通に関しては、公式ファンクラブを通した販売、インターネットにおける販売、電話による販売、当日の受付などがある。非公式な販売ルートとしては、ファンクラブによる販売、インターネット上の販売などが挙げられる。

若年層をターゲットとして考えた場合、チケットの流通に関しては改善の余地があるように思われる。現在のチケット流通システムは、全顧客を対象にしており、宝塚歌劇に少し興味をもった高校生・大学生も、チケット取得に熱心なファンも同一線上でチケットの取得を行う。このようなシステムでは、なかなか初心者は良席でのチケットの取得ができない。熱心なファンになってもらうには、やはり一度は生徒の近くで観劇をすることが望ましい。

このためにも、高校生・大学生がチケットを取りやすい流通システムを作り上げると同時に、良席でのチケットに関してもある程度優先をさせることも重要であると考えられる。

以上のように、本章では一例として、若年層（主として高校生・大学生）をターゲットとした場合の各種施策について考察を行った。他にも、前述した宝塚ライフステージでは、母親に連れられての観劇期という時期がある。今回行ったインタビューでも同様に、幼少期にチケットが当たり見に行ったなどの証言がみられた。しかし、一方では親の意見として子どもを連れていくと、はしゃぐため怒られそうで怖いという証言もみられた。先行研究では、幼少期の経験と成人してからの文化イベントに参加する行動との間には関連性があるといわれている（Kotler and Kotler, 1998）。このことからも、子どもを連れた親が安心して観劇しやすいシステムを築くことも、今後、大切になると思われる。

3　宝塚ファンとの関係性デザイン

宝塚ファンによる関係性マーケティングの構図

和田（一九九九）は、顧客誘導においては基本的にマネジリアル・マーケティングのフレームが有効であり、消費プロセスおよび消費後プロセスにおいては関係性マーケティングのフレームが必要とされると述べている。

和田（一九九八）が展開した関係性マーケティングの特徴は、自他の相互作用による信頼と融合の実現から形成される価値共創であり、長期継続的取引関係の維持、「恋」としての認知的信頼[4]と、片利的絶対的信頼「愛」としての感情的信頼に分類される（井上、二〇一三）。

本書で取り上げた超高関与消費者は、「恋」という交換行為ではなく、「愛」という片利的（一方だけが利しても他方が容認するという意味で）な側面をもった消費者である。インタビューでも「〇〇さん（トップスター）が仮に冷たかったとしても、苦しいけれど、好きでい続けたと思う」と述べられているように、交換行為としての好意ではないことが示されている。

このような信頼概念を和田（一九九八）は「『感情的信頼』と呼び、そこには相手に対するパフォーマンス・リスクをもいとわないコミットメントが存在する」（九三頁）としている。その主たる理由は、相手の能力に対する専門性認知である。ファンは生徒に対して、相手の期待パフォーマンス実現に対する自らの認知能力、「こいつはやってくれるだろう、できるだろう」（同、九三頁）という相手の能力に対する自信からコミットメントを行う。インタビューでは「私が目をかけた子が伸びてくると『どうだ！』と思う」と自らの専門性認知に関する確信が述べられている。

また感情的信頼は、自分と相手との間の相対的関係によっても形成される。ファンと生徒が同郷の出身などがそれに当たる。たとえば、「自分の住む町の隣町の出身のジェンヌ[5]さんもいるので、やはりその方は見てしまう」などとインタビューでは述べられており、その好例であろう。それ以

図 7-1　認知的信頼と感情的信頼

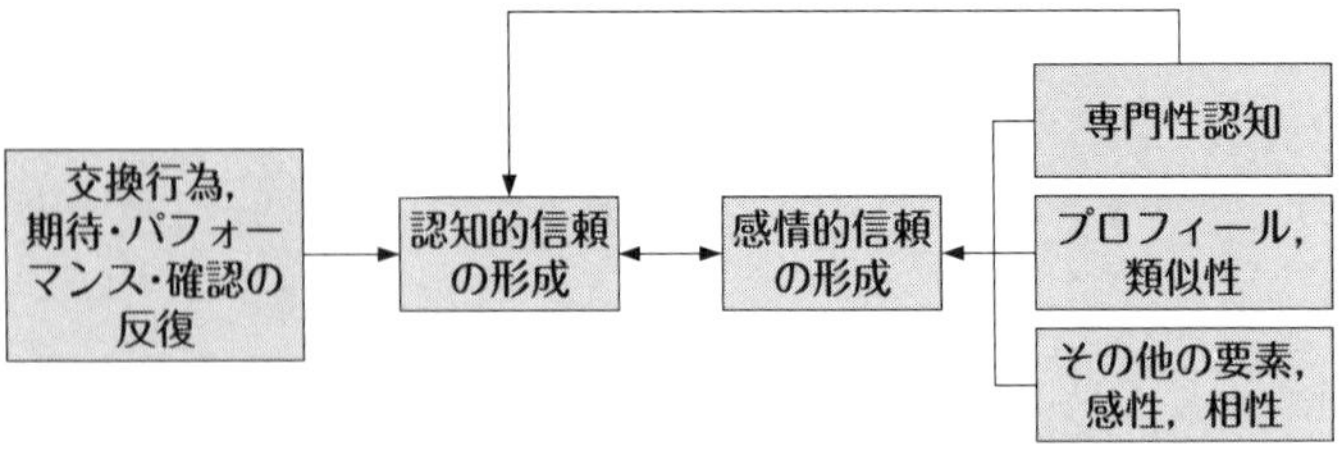

出所：和田（1998）94 頁。

外にも、価値観や趣味などによっても感情的信頼は形成される。図7－1は感情的信頼が発生する状況を図示したものである。

図7－1によると、認知的信頼と感情的信頼は相互作用になっており、両者の形成によってより強固になってゆくという構造がみられる。

高関与の宝塚歌劇のファンは自分が目をかけた（感情的信頼が形成されている）生徒の未完成な演技がやがて時間をかけて成長していくプロセスを楽しむ消費を行っている。そこには、生徒の努力もさることながらファンからのアドバイスや、劇場内での観客の声援などが質のパフォーマンスに貢献した経緯がある。ファンは文脈価値を媒介、醸成する役割をもっている。

宝塚歌劇団には現在のファンを巻き込んだ関係性をインタラクティブに創造しながら、若年層のファンを育成することが必要である。第6章のブランド価値形成のインタラクション・プロセス（図6－5）においては、宝塚劇団とファンのみならず、スターやOGなどのステークホルダーが重層的に重なりあい、ブランドがつくられていることを示している。ボタンをかけるように、双方向の誘発を行うには物語を活用した共創関係におけるブランディングが大切である。かつて和田（二〇〇二）はブランド価値の核は、感覚的な刺激や物語性であると主張した。次項ではファンによる物語消費的側面に焦点を当てる。

宝塚ファンにおける物語消費

和田（二〇〇二）は、役者がスターたるためには、「長期継続的なファンつまり顧客との相互作用的なプロセスのなかで生みだされるエピソードをちりばめ、あるいはブランド・コンセプトそのものにストーリー性やシナリオ性をもたせることによって観念価値的な意味を醸成」（一六三頁）する必要性について述べている。

東（二〇〇九）はタカラジェンヌには「役名の存在」、「芸名の存在」、「愛称の存在」、「本名の存在」の四層構造が内包されているとの指摘を行い、それらには互いに連続性があり、ファンは重層的な物語を消費していると述べている（図7-2参照）。たとえば宝塚歌劇の演目「チャリーズ・バー」では、主人公を演じる匠（たくみ）ひびきの愛称であるチャーリーという名前が役名に使われている。ファンはこれにより、役名のチャーリーという「役名の存在」に、チャーリー＝匠ひびきという「愛称の存在」を同化させるように理解する。そのうえで、展開されるチャーリーがクラウディアと別れるダンス、チャーリーを求める仲間たちの声、舞台を去るチャーリーの姿などの演出から、チャーリー役を演じる匠ひびきを重ねる。

また台詞（せりふ）にある「俺、この店に来てもう何年になるだろう。いろいろあったな……。この店には、

図 7-2 タカラジェンヌの四層構造

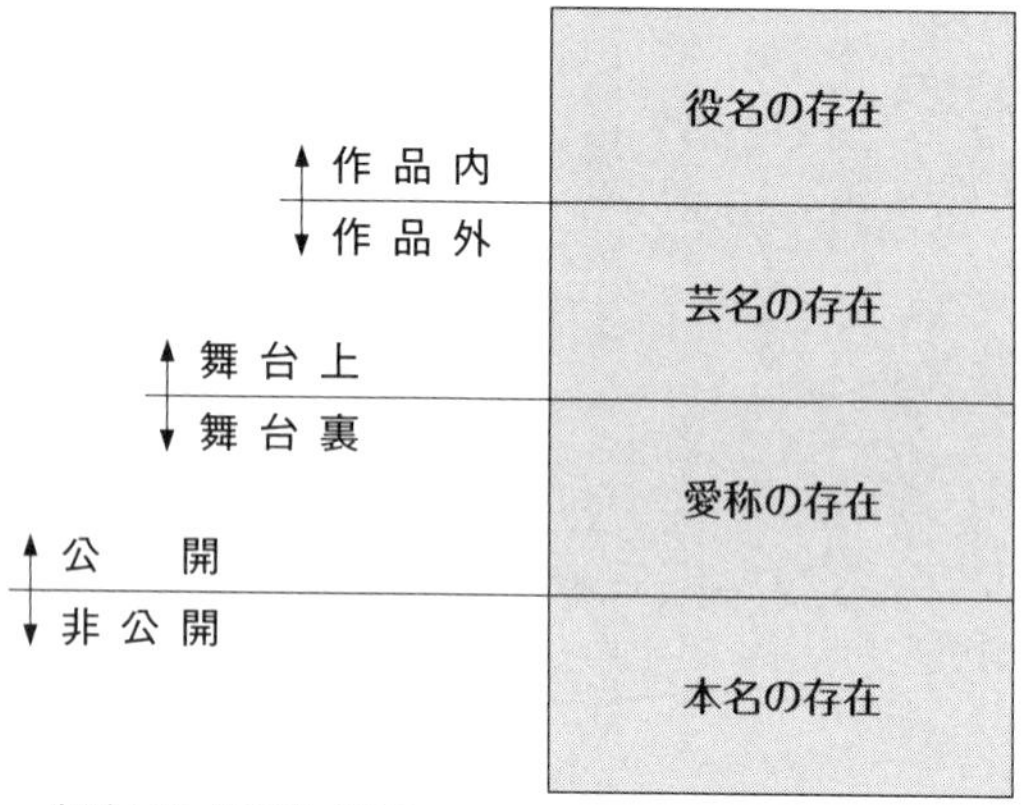

出所：東（2009）24 頁。

俺の青春がつまっているんだ」という言葉を聞いた観客は、舞台にいる役名としてのチャーリーという存在ではなく、それを演じている匠ひびきが宝塚歌劇でどのように過ごしてきたのかを思い出し、退団を悲しむファンの心を強く刺激すると述べている。

宝塚歌劇団は、このような重層的（重奏的）な物語をファンが味わうであろうことを計算に入れているであろう。まさにファンと宝塚歌劇団、スターが宝塚歌劇の作品内のみならず、舞台裏も含めた重層的な物語を共有しており、それらを活かした演出例である。

宝塚歌劇団におけるインタラクション

宝塚歌劇団はファンをよく観察し、どのような仕掛けを行うとファンの知識を刺激しながら感動的な舞台を制作できるのかについて戦略を練っていたと考えられる。前述のような形で、舞台内のみならず舞台外の空間をも取り込んだ劇創作のあり方はスターシステムを導入していない劇団四季などでは不可能であり、宝塚歌劇団の強みであるといえよう。

宝塚歌劇団が次に考える施策としては、B to C コミュニケーションにおけるインタラクションを視野に入れる必要がある。かつて、超高関与消費者はファンクラブ会員と同義語であったが、近年ではファンクラブには所属せずインターネット上でファン活動を行っている超高関与消費者も出現しており、彼らの多くはインターネット上でインタラクティブなコミュニケーションも行っている。

本書で示した、今後の需要拡大を担う一〇代・二〇代ファンの半数以上は熱狂的・古典的ファンであり、彼らの特徴はコミュニティ志向も強く、また観劇へも積極的な点にある。彼らを通して、友人・知人に宝塚歌劇に来てもらうということは十分に可能であろう。

彼らを通したC to C コミュニケーションによる新規顧客開拓を行うためには、B to C コミュニケーションにおいて、既存顧客が新規顧客を誘いやすい仕掛けを行う必要がある。また、C to C コミュニケーションを深化させるための施策を行うことも検討したほうがいいであろう。

このようなB to C to C の誘発を行うには、物語による共創を意識する必要がある。現在、宝塚歌劇とファンとの関係においての物語消費について述べているのは、先に挙げた東（二〇〇九）や宮本（二〇一一）である。宮本は「人事の暗号」を読むという論題にてファンにおける物語消費のあり方を示している。宮本（二〇一一）は、ファンは舞台やメディアなど細かいところでスター路線へとつながる序列の要素を読み取ることを通して、物語の消費を行っていることを示している。しかしこれらは、あくまでも宝塚歌劇団からの一方的な関係に終始する。ファンは、人事の暗号を読みながらも自分の応援している生徒をプッシュする方法として、ガードの人数やグッズの売上などによって、宝塚歌劇団に対して生徒の人気を暗示的に示すという手段に基づいてコミュニケーションを取っているようである。

作品内でのファンと宝塚歌劇団の共創関係は、拍手や息吹などによる場の共創などが当たるであろう（和田、一九九九）。作品外でのファンと宝塚歌劇団の共創関係は、これまで経営学やマーケティングの書籍で紹介されている企業が行っている顧客と企業のインタラクションとは様相が異なっている。そこにあるのは誰がスターになるのかという生徒の競争であり、誰をスターにするのかというファンの競争である。つまり、競争を軸とした共創のマネジメント関係が繰り広げられている。このようなマネジメントを行ううえで注意しなければならないのは、ファンの生徒に対する片利的信頼を土台とした消費を促進するのではなく、ファンと宝塚歌劇団の長期的な信頼関係に基づいた共創を行うことを基礎としたマネジメントを行う姿勢である。

共創・競争のマネジメント関係をファンと作り上げていくには、その土台に健全性が求められる。宝塚歌劇団の役者は生徒としての役割を一義的に担っており、その心は「清く、正しく、美しく」ある必要が求められる。生徒もファンもルールのなかで健全性を保って、人間として成長するための共創・競争を示すことが基本的な宝塚歌劇のブランドとしての価値、長期的顧客を獲得する手段であろう。このような宝塚歌劇の基本的な理念のうえで、ファンや生徒との共創・競争関係を築く必要があろう。

注

1　『ベルサイユのばら』以降ファンの気質の変化については、川崎（一九九九）、中本（二〇一二）などに詳しく述べられている。

2　中本（二〇一二）は、ファンクラブの活動が大きくなることで「組織化」「階層化」がされ、個人ファンと生徒との距離が離れていくことを指摘している。

3　推計方法については、章末の付属資料１参照。

4　和田（一九九八）は、認知的信頼を効用的であるとし、「交換概念」とほぼ同義語で使用している。

5　生徒のことをタカラジェンヌと呼ぶが、それを略してジェンヌさんとなった。

付属資料1 各事業の売上推計

1. 公 演 事 業　推計180億円程度

有料入場率
宝塚大劇場（キャパ2,550席）：87%　年間450回程度
東京宝塚劇場（キャパ2,069席）101%　年間450回程度
　から宝塚大劇場65億円程度、東京宝塚劇場70億円程度と推定

①大劇場公演（年間10回：各組2回のローテーション　各組所属生徒全員出演）
- 宝塚大劇場公演（宝塚市）
- 東京宝塚劇場公演（東京都千代田区）
- 冠スポンサー協賛収入　推計10億円

②全国公演　20億円
- 中日劇場（名古屋市）2月　主催：中日新聞文化事業局　3億円
- 博多座（福岡市）8月　主催：(株)博多座　6億円
- 梅田芸術劇場メインホール7月　主催：(株)梅田芸術劇場　3億円
- 全国ツアー（年3回）　主催：HCもしくは地元TV局（フジテレビ系列が多い）もしくは会館

③宝塚バウホールおよび東京特別公演（年間平均10回）　8億円
- 宝塚バウホール　主催：HC
- 日本青年館ホール（東京都新宿区）　主催：HC
- シアター・ドラマシティ（年3～4回）　主催：(株)梅田芸術劇場

④そ の 他
- ホテル・ディナーショー（需要減）：関西はオフィシャル・ホテルである宝塚ホテルのみ。首都圏は第一ホテル東京およびパレスホテル。
- コンサート

2. 出版メディア（ハウス・マガジン）　30億円

- 『歌劇』月刊　創刊1918年　10万部　@600円
- 『宝塚GRAPH』月刊　創刊1936年　10万部　@600円
- 『公演プログラム』　公演ごと7万部⇒年間140万部　@1,000円
- 『TCA PRESS』毎月　17万部　@無料：「タカラヅカ・スカイ・ステージ」の番組表中心だが，インタビュー，グラビアも充実。『宝塚GRAPH』と競合要素もある。

3. 映像・音楽パッケージ・ソフト（制作タイトル数 / 年間）　不明

- 「DVD」約60タイトル　@6,480～10,800円
  ：公演中心　公演作品企画時にDVD化できる作品を企画する前提がある。
- 「CD」約25タイトル　@1,080～5,040円

4. CS 放送　18億円

・「タカラヅカ・スカイ・ステージ」 57,000世帯　@2,700円
　：CSの許認可はHCが取得し，TCAに運営委託

5. 映像・音楽配信事業　1億円

・音楽配信「TCAミュージック」
・着うた・着うたフル「U-TAKARAZUKA」
・映像配信「タカラヅカ・オン・デマンド」

6. オフィシャル・ショップ（グッズなどの販売）　不明

・「キャトルレーヴ」 全国6店舗　TCAが直営
　（宝塚，大阪梅田，東京日比谷，東京劇場，名古屋，福岡）

7. ファンクラブ（オフィシャル）　2億円

・公式ファンクラブ「宝塚友の会」約7万人　会費：入会金1,000円　年会費2,500円

注：「公演事業」に関しては，付属資料2参照。
出所：有価証券報告書やインタビューに基づいて推計。

付属資料 2 宝塚歌劇入場料の推移

（単位：円）

宝塚大劇場	SS 席	S 席	S＋入園料	A 席	B 席	C 席	入園料（大人）
1980 年 1 月～ 81 年 3 月		2,000	2,600	1,300	800	500	600*
1981 年 3 月～ 82 年 12 月		2,200	2,800	1,500	1,000	500	600
1983 年 1 月～ 83 年 9 月		2,500	3,100	1,700	1,100	500	600
1983 年 10 月～ 84 年 12 月		2,500	3,200	1,700	1,100	500	700
1985 年 1 月～ 85 年 9 月		2,800	3,500	2,000	1,300	600	700
1985 年 9 月～ 86 年 12 月		2,800	3,600	2,000	1,300	600	800
1987 年 1 月～ 88 年 3 月		3,200	4,000	2,200	1,400	600	800
1988 年 3 月～ 88 年 12 月		3,200	4,200	2,200	1,400	600	1,000
1989 年 1 月～ 90 年 12 月		3,600	4,600	2,500	1,600	700	1,000
1991 年 1 月～ 91 年 4 月		4,100	5,100	2,800	1,800	800	1,000
1991 年 4 月～ 92 年 12 月		4,100	5,300	2,800	1,800	800	1,200
1993 年 1 月～ 94 年 10 月		6,700		4,700	3,000		
1994 年 11 月～ 2004 年 12 月		7,500		5,500	3,500		
2005 年 1 月～ 08 年 12 月	10,000	7,500		5,500	3,500		
2009 年 1 月～ 14 年 4 月	11,000	8,000		5,500	3,500		
2014 年 5 月～	12,000	8,300		5,500	3,500		

注：1993 年以降，宝塚ファミリーランド入園料は不要となった。
＊ 1980 年の入園料のみ不明。

東京宝塚劇場		A 席	B 席	C 席	D 席
1980 年 1 月～ 81 年 6 月		3,000	2,000	1,000	500
1981 年 7 月～ 82 年 7 月		3,000	2,000	1,000	700
1982 年 8 月～ 84 年 6 月		3,500	2,500	1,500	800
1984 年 7 月～ 85 年 5 月		4,000	3,000	2,000	800
1985 年 6 月～ 86 年 2 月		3,800	3,000	2,000	800
1986 年 3 月～ 87 年 2 月		4,000	3,000	2,000	800
1987 年 3 月～ 87 年 12 月		4,200	3,000	2,000	1,000
1988 年 1 月～ 90 年 1 月		4,500	3,000	2,000	1,000
1990 年 2 月～ 91 年 1 月		4,800	3,000	2,000	1,000
1991 年 2 月～ 92 年 2 月		5,000	3,200	2,200	1,100
1992 年 3 月～ 92 年 12 月		5,300	3,200	2,200	1,100
1993 年 1 月～ 94 年 2 月		5,800	3,500	2,500	1,100
1994 年 3 月～ 94 年 12 月		6,000	3,500	2,500	1,100
1995 年 1 月～ 95 年 12 月		6,300	3,500	2,500	1,100
1996 年 1 月～ 96 年 12 月		6,500	3,500	2,500	1,100
1997 年 1 月～ 97 年 12 月		6,800	3,800	2,800	1,100

帝国劇場	S席	A席	B席
1998年１月～　98年４月	8,000	5,500	3,500

TAKARAZUKA1000days劇場	A席	B席	C席	D席	E席
1998年５月～2000年12月	8,000	7,000	5,500	3,500	2,000

新・東京宝塚劇場	SS席	S席	A席	B席
2001年１月～2008年12月	10,000	8,000	5,500	3,500
2009年１月～2014年４月	11,000	8,500	5,500	3,500
2014年５月～	12,000	8,800	5,500	3,500

出所：中本（2014）214～215頁。

第8章

超高関与消費者群像を生かした需要拡大戦略

❁はじめに

本書を締めくくるにあたって、改めてそもそものマーケティングの世界を考えてみよう。それはおそらくプロダクトの議論から始まったのだろう。そこには、ナショナル・ブランドを作り上げた製品製造企業にとってのマーケティングがあった。一九六〇年代から七〇年代にかけて、わが国は高度成長期の波に乗って製品製造企業はひたすら走り続け、彼らが中心となってマーケティングを駆使しナショナル・ブランド・プロダクトを作り上げていった。

プロダクト・マーケティングの展開は、やがてサービス財へ、地域へ、そしてアートへと拡大していく。ここでわれわれが問題とするのは、超高関与消費者あるいは消費者群像であり、これらが対象となるカテゴリーは、本来的に生活の豊かさ演出部分に属するカテゴリー、あるいは生活基盤形成部分にありながら生活の豊かさ演出部分に昇華したカテゴリーである。なぜならば、本来的に生活基盤形成部分に属するカテゴリー、たとえば、日用雑貨品であったり加工食品であったりする場合には、これらがいかに購買頻度や購買数量が多いとしても、超高関与消費者群像を生み出しえないからである。したがって、プロダクトやサービスについては生活の豊かさ演出部分に昇華したカテゴリーであり、地域やアートについては本来的に生活の豊かさ演出部分に属するカテゴリーであるからこそ、これらのカテゴリーがわれわれの分析対象となるのである。

1 需要拡大戦略の本質

需要拡大の手段としてのマーケティング・ミックス

二〇世紀初頭に誕生したマーケティングは、一九五〇年代に至ってR・オルダースンの提唱したOBS概念（organized behavioral system）を基本枠組としてマネジリアル・マーケティング体系が確立した。マネジリアル・マーケティングが唱えるマーケティングあるいはマーケティング戦略体系は、そのシステム性を強調することによって、システムの目的は需要拡大であり、その手段としてマーケティング・ミックス要素があることを示した。すなわち、マネジリアル・マーケティングの枠組にあっては、製品政策、価格政策、広告販促政策、流通チャネル政策という四つのマーケティング・ミックス要素を駆使することによってシステム目的を達成するとしたのである。

つまり、マーケティング戦略をシステム体系と捉えた場合、そのシステム目的はあくまでも需要拡大であり、手段としてのマーケティング・ミックスをいかに開発し実行するかが問題となるのである。そして、需要拡大の前提として、潜在需要の掘り起こしを強調したのである。戦後期のわが国のマーケティングの展開をみてみれば、戦争という愚挙によってほとんど破壊されてしまった消費者の生活にあって、重厚長大の産業群を中心とした経済復興のもとに、消費者需要は明らかにディマンド・プルとなり、このディマンド・プルに対していかにしてサプライ・ギャップを埋めるのかという点に需要拡大の本質があった。

つまり、この時期のマーケティングは、いかに需要と供給のギャップを埋めるかということにあり、供給力強化が最大の課題であった。このことは、戦後期におけるわが国のビール市場における戦略展開をみれば明らかである。すなわち、戦前は供給量において大日本ビールの後塵を拝していたキリンビールが、戦後の大日本ビールの解体によって同社がアサヒビールとニホンビールに分割され、いわば三社同列の競争環境を得たことによってその後のキリンビールの躍進が始まったのである。そして、第二次世界大戦後にキリンビールがアサヒビールとサッポロビールに対して圧倒的な市場シェアのリードを果たしたのは、キリンビールの他者に先駆けた供給力の強化であり、さらに流通力、広告力の強化が後押しをしていった。

以上のような戦後期におけるキリンビールの独走は、同社の圧倒的な供給力、流通力、広告力の駆使に基づいたものであり、まさにマーケティング・ミックスの戦略の量を拡大することによって市場を拡大していったということになる。事実一九七〇年代に至るまでわが国のビール市場は拡大を続け、そのなかでキリンビールが圧倒的なシェアを獲得していったのである。

マネジリアル・マーケティングにおけるマーケティング・ミックス諸量の拡大が需要拡大に結びつくという論理は、今日でも有効である。たとえば、先に示した宝塚歌劇の需要については、東京宝塚劇場は年間を通して各公演がほぼ満席であり、供給力さえ増やせればさらに観客動員は可能であると宝塚歌劇団はみている。また、今日みられる特保飲料の需要拡大は目をみはるものがあり、わが国の飲料市場全体の成長の原動力となっている。

❀ 需要拡大を目指したマーケティング・ミックス要素の限界

しかし、以上のような「マーケティング戦略量の拡大によって需要がさらに拡大する」という議論に対する反論はこうである。まず、需要が拡大するといっても、それは製品置換にすぎないという議論である。いま、ワープロ専用機はどうなっているのだろうか。かつての算盤（そろばん）と電卓のように、ワープロ専用機はパソコンの機能拡大によってその需要を奪われてしまったということなのだろうか。家庭用置電話はどうなのだろうか。もはや携帯電話の出現によって、家庭用置電話や公衆電話はその需要を失ってしまったということなのだろうか。さらに、スマートフォンの出現によってパソコンの需要さえも脅かされているという見方さえ存在する。まさに、製品置換の現実がそこにある。製品置換のなかには、単に製品置換にとどまっているものもあれば、携帯電話によってコミュニケーション需要が飛躍的に拡大したという例もある。

また、さらなる反論としては、わが国の多くの消費財については、供給力の一つの側面としての流通力の限界を挙げる向きがある。流通力の内実は、まさに小売あるいは消費者窓口にいかに拠点をもちうるかである。わが国の小売流通構造が大量流通体制に移行して久しい。もはや、小売総販売額は圧倒的に大規模店や大規模組織化チェーンによって押さえられている。一九七二（昭和四七）年にダイエーが大丸を抜いて小売総販売額第一位となったときでもその規模は数千億円にすぎなかった。しかし、今日、家電量販店大手のヤマダ電機の売上は二兆円を超え、ユニクロも一兆円規模である。つまり、わが国の今日の流通機構の姿は、家電製品、日用雑貨店、加工食品、アパレルなどを中心として大規模組織流通が市場の大半を支配し、これ以上の大規模化・集中化はもはや限界にきているということである。

第二次世界大戦後のわが国の小売流通機構は、大規模化・組織化によって大規模組織が流通カバレッジを拡大していった。コンビニエンス・ストア・チェーンにしてもしかりである。わが国の大手コンビニエンス・ストア・チェーンはその圧倒的な店舗数によって市場シェアを獲得し、もはや多くが海外展開にさえ眼を向けている。したがって、流通力という意味では、大手量販店、家電量販店、ファスト・ファッション、アパレル・チェーン、コンビニエンス・ストアなどの各側面において拡大の限界をみており、流通力のこれ以上の拡大・成長はみえてこないという認識である。

広告力については、今日あるいは将来について、その様相は複雑である。確かなことは、高度成長期にあって圧倒的な広告力を発揮したマスメディアが、将来的にそのパワーが失われるのではないかという議論である。そもそも、わが国のように四大マスメディアが存在し、なかでもTV視聴が多く、その広告量に占める比率も三割を越えるという国は他にない。

かつての、TV視聴の高さによって、TVCMの圧倒的な存在がナショナル・ブランドを作り上げる時代は終わった。なぜならば、今日のようにネットワーク社会が発達し、消費者のメディア接触が多様化するなかでTVの広告訴求力は低下せざるをえないからである。個々のメディアが圧倒的な力をもつのではなく、多様化したメディア環境のもとで消費者が自らのライフスタイル形成のなかでメディア選択を通して成長していくというのが、メディアに関する今後の様相であろう。

以上のように、今日ではマネジリアル・マーケティングを支えてきた四つのマーケティング・ミックス要素、つまり供給力としての商品力と流通力、広告力、そしてほとんど戦略的な意味をもたない価格競争力もその意味を失いつつある。したがって、マーケティング目的としての需要拡大を目指したマーケティング・ミックス要素は、今日のわが国の消費市場ではほとんどが限界にきているという現実を認識すべきであるという議論である。果たしてそうだろうか。

2　マーケティング供給力と超高関与消費者群像

供給力としてのマーケティング

ここで、マネジリアル・マーケティングの枠組の下で注目しなければならないのは、マーケティング供給力である。そして、供給力は、①商品もしくは商品開発力と、②流通力拡大である。いずれの商品カテゴリーにしても、消費者の圧倒的な拍手を浴びるのは、商品そのものの力である。仮に、宝塚歌劇団が公演の回数を増やしたとしても、そこに商品力がなければ需要を拡大することは困難である。流通力については、わが国の多くの商品カテゴリーで限界に達しているのは事実だろう。しかし、サービスや地域やアートについては十分な流通力が発揮できているのだろうか。

プロダクト・カテゴリーについては、わが国のマーケティング諸力はほぼ限界に達していることは事実だろう。家電量販店には二兆円を超す売上規模の企業が出現し、生活基盤形成部分における商品供給力・流通力はほぼ限界に達している。プロダクト・カテゴリー各社がいかに新製品を開発し供給量を増やし差別化しようとも、これらのカテゴリーの需要規模の拡大は今後とも期待できず、一定規模の市場のなかにあって、差別化競争を繰り返すのだろうか。

われわれは、アベノミクスの本質は、新規需要の創造であり、既存需要のさらなる拡大と考えている。新規需要が飛躍的に拡大した例は、携帯電話以外には見当たらない。携帯電話は、家庭内置電話の使用を減少させ、公衆電話の存在すら否定した。という意味では、携帯電話の飛躍は置換需要ということにもなろう。しかし、携帯電話の普及はそれ以上のことをもたらし、多くの消費者に新たなコミュニケーション行動を誘発した。つまり、新製品の開発や発売は置換需要を創出するのみならず、新しい需要を開発したということに意味があるのである。

われわれが本書で追求したのは、置換需要を超えた新たな需要の開発はもちろんのこと、成熟成熟といわれてきたわが国の多くの市場のなかで、新たな需要ではなく、既存の需要のなかでさらなる掘り起こしが可能な市場があるのではないかという認識である。もう一度問い直したい。本当にわが国の多くの消費市場は成熟し、市場内競争差別化にしか生きる道はないのだろうか。ここで、さらなる需要の拡大と超高関与消費者群像との関係について考えてみたい。

超高関与消費者群像と自己概念

第1章で、新製品市場にあってはイノベータが、成熟市場にあってはニッチ消費者が存在することを明かした。通説によれば、彼らはいずれも需要拡大に否定的な消費者である。しかしここで、彼らをユーザー・イメージ保有者あるいは自己概念の主張者と考えたらどうだろうか。彼らは自らが先駆者・先導者であるがゆえに、需要拡大に否定的なのだろうか。イノベータやニッチ消費者は自ら強力な自己概念を保有しており、それを市場に向けて発進し誇示したいのではないのだろうか。ここに、需要拡大戦略展開の糸口としてのユーザー・イメージの発進という方策が考えられるのである。

BMWジャパン（BMW株式会社）はなぜ多大な広告を投入しBMWのイメージをつくろうとしたのだろうか。もとよりBMWの顧客はニッチ顧客であるから、マスメディアを使った広告活動は不要である。BMWは何を考えたのだろうか。BMWの日本のメディアにおける広告内容にはまったく機能訴求はみられない。そこにみられるのはひたすらユーザー・イメージの訴求である。ここにみられるBMWジャパンの戦略的な意図は、日本の社会のなかにBMWユーザーのイメージを確立することであり、それによってBMWの購買者がユーザーとしての満足を得るということだろう。世に知られたBMWユーザーのイメージ、まさにBMWユーザー群像の存在を意識することによってBMWを購入する、このことなのである。

生活の豊かさ演出部分に固執する消費者にとって、個々の製品やサービスにおけるユーザー・イメージ形成は重要である。なぜならば、彼らにとって製品やサービスを購入することは、自らのライフスタイルを表現することに他ならないからである。だからこそ、彼らはブランド・ユーザー・イメージを大切にし、それを消費することによって自らのライフスタイルを他者に対して優越的に表現するのである。

本書が超高関与消費者に注目しつつ、超高関与消費者群像について思いをいたしてきた理由は、まさにここにあり、消費者群像こそがプロダクト・サービスのブランド・ユーザー・イメージであり、そこにこそ新規需要開拓の原動力があると考えているからである。したがって、超高関与消費者は、プロダクト・サービスのユーザー・イメージを自己概念に基づいて作り上げ、他者に訴求することによって消費者群像としてのイメージを訴求し、そこにアイディアル・セルフとしての自己の満足を勝ちとろうとするのであろう。となれば、イノベータにしてもニッチ消費者にしても、群像の訴求そのものが自らの概念やアイデンティティを社会に知らしめることになり、そこに潜在的な需要拡大ニーズが生まれているということになる。ここで強調したいのは、イノベータやニッチ消費者は、従来の考えとは異なって、潜在的に自らのユーザー・イメージを訴求することによって、需要拡大の原動力をもっているということである。

3　関係性マーケティングと超高関与消費者群像

マネジリアル・マーケティングから関係性マーケティングへ

以上のようなマネジリアル・マーケティングの枠組での需要拡大の方途は、あくまでも企業発進であり超高関与消費者の群像訴求による発進であった。しかし、成熟市場あるいは未開拓市場における需要拡大の方途は、これだけでは十分とはいえないだろう。つまり、需要拡大に対する一方的な発進に増してさらなるマーケィング努力が必要と思われる。

関係性マーケティングという概念枠組がわが国に紹介されてから、ほぼ二〇年が経っているだろう。当初アメリカで発達した関係性マーケティングの枠組は、主にBtoBの関係性であった。しかし、関係性マーケティング議論のわが国における発進はBtoCであった。なぜならば、BtoBという関係性マーケティングの枠組は、わが国ではすでに流通関係論のなかで十分に議論されていたからである。

今日のようなネット社会の発展のなかで、企業はBtoCという発進の枠組において、製造業・小売業を問わずウェブサイトを開設するという形で消費者に直接的に接触しようという努力をしてきた。これは、本来1対nという不特定多数を対象とする製造業企業が、ウェブサイトを通じて1対1の関係性を作り上げるという努力を行うものである。つまり、1対nの関係のなかでの企業の消費者への一方的発進から、1対1の関係性のなかで製造業企業が新製品開発についての消費者との製品開発における共創という行為を促進する図を描こうとしている。典型的な例としては、日産自動車の「ラシーン」車種の共同開発が挙げられるし、良品計画のMUJIネットによって共同商品開発が行われている。したがって、製造業企業や小売業がウェブサイトを通じて1対1の関係性のなかで、新製品開発という行為が共創という形で実現していくのである。

しかし、われわれの関心は新製品の共創開発という行為と同等に、成熟市場あるいは未開拓市場における需要拡大ということであり、これにはC to Cという関係性の確立が必要となってくるのである。そこで、需要拡大という方途のなかで、マネジリアル・マーケティングを枠組とした企業と消費者という関係においてC to Cという関係性の可能性を追求せざるをえない。ここにこそ、本書の主題である、需要拡大こそがマーケティングの目的であるという考え方に注目せざるをえない事態が待ちかまえているのである。

超高関与消費者群の行動と需要拡大

前述のように、われわれが捉える超高関与消費者は、従来の理論体系でいえばイノベータであり、ニッチ消費者である。では、これらの消費者群は群像を提示することによって新たな消費者を生み出すこと以外に、需要拡大についてどのような行動をとっているのだろうか。一般的に、イノベータやニッチ消費者は多種多様であることは第4章の分析でも明らかである。イノベータやニッチ消費者は自らの高関与消費者としてのアイデンティティを確立するために需要拡大のための普及活動を行わないとされている。果たしてそうだろうか。

イノベータは、新製品採用の先駆者としての自らのアイデンティティを守ろうとするのであろうが、自らが新製品の開拓者・新規採用者であるためには新製品が普及していくことが必要なのである。したがって、イノベータは自ら積極的に需要拡大に貢献しないとしても、新製品需要の普及に好意的なのではないだろうか。新製品が普及すればするほど、「われこそはパイオニア」というアイデンティティを誇示できるのではないだろうか。ハーレーダビッドソン・クラブのメンバーは、自らがクラブ会員であることを誇示しつつ、さらなるクラブの発展を願っているに違いない。イノベータにしてもニッチ消費者にしても、自らのアイデンティティを高めるためには、需要のさらなる普及を望んでいるのではないだろうか。いわば、自らのユーザー・アイデンティティを高めるためには、需要のさらなる拡大が必要なのである。

超高関与消費者の内実

さまざまな市場のなかにあって、超高関与消費者群像を探すことは難しい。なぜならば、三〇坪三〇〇〇ＳＫＵ（在庫管理最小単位）の典型的なコンビニエンス・ストアで超高関与消費者群像の対象となる商品の品揃えを探すことは無理だろう。したがって、超高関与消費者群が対象とするカテゴリーは、もちろんコンビニエンス・ストアにはなく、それはラグジュアリー・ブランドであったり、地域であったり、アートであったりする。

ここでもう一度考えてみよう。一体、超高関与消費者とは誰なのだろうか。つまり、超高関与消費者群が発生する基盤は、生活の豊かさ形成部分なのであり、日用雑貨や加工食品のカテゴリーを考えても意味がない。改めて規定しよう。超高関与消費者が出没する場は、プロダクト・サービスではラグジュアリーの部分カテゴリーであり、とくにアート・カテゴリーで顕著だということである。つまり、わが国の消費者は、一九八〇年代のバブルの経験を経て、生活の豊かさ演出部分におけるラグジュアリー消費を経験し、それが自らのライフスタイルの形成基盤となったのである。

世界的にみて、わが国の消費者は異なっている。すなわち、一億二〇〇〇万人の消費者が、さほど貧富の差を感じることなく、多くの人が生活の豊かさ演出部分のライフスタイルを享受しうると考えている。したがって、わが国の消費者の場合は、それがハーレーダビッドソンであれBMWであれ、すべての消費者が自らもユーザーとなりうるという意識でいるのである。

超高関与消費者群像のさらなる拡張

以上で、超高関与消費者はそれを群像化することによってユーザー・イメージを作り上げ、需要拡大に貢献するとした。しかし、需要拡大をさらに行うとするならば、超高関与消費者による積極的な新規需要者拡大の行為が必要である。ここにこそ、まさに関係性マーケティング・フレームのCtoCの関係性の探求が必要なのである。

もう一度、宝塚歌劇ファンについて考えてみよう。彼らは、演目に魅力を感じ、スターに魅力を感じ、そしてファンクラブというコミュニティを作り上げている。まさに、製品サービス消費、パーソン消費、そしてコミュニティ消費が形成されているのである。

製品サービス消費はさまざまな形でさまざまなカテゴリーにみられる。年間三〇〇〇万人をも動員する東京ディズニーリゾートは、まさに製品サービス消費の最たるものだろう。しかし、超高関与消費者群を考えるにあたっては、パーソン消費がきわめて重要である。旅行代理店や保険代理店、さらに美容院にあっては、パーソン消費がきわめて重要である。歌舞伎もしかりである。

宝塚歌劇ファン層を分析した結果、スターのファンクラブの存在が重要であることがわかった。ここで注目したいのは、宝塚歌劇団には座付作者がいて、各組の男役トップスターの魅力を高めるための演目を作り上げているという事実である。これはまさにトップスターのファン層に向けての発進といってもいいだろう。極端にいうならば、トップスターのファン層にとっては、どのような演目でもかまわないのであり、トップスターの魅力が高まれば高まるほどファンはチケットを購入し、劇場に足を運ぶのである。宝塚歌劇のファンクラブは劇団の公認ではないものの、それぞれのスターを支えるべく形成されており、そのチケット購入数は劇団にとっても無視しえないものである。

パーソン消費という行為は、歌舞伎にも顕著にみることができる。歌舞伎の演目はほとんどが再演ものであるから、演目＝役者という構図ができている。たとえば、『勧進帳』では市川団十郎の弁慶であり、菊五郎の義経である。『助六由縁江戸桜』では、歴代の市川団十郎が助六を演じて好評を博している。歌舞伎の場合には名題役者はほとんどが世襲制であるから、観客は十一世団十郎を賞賛し十二世団十郎の助六に拍手を送り、市川海老蔵の助六に十三世団十郎の姿を描くのである。まさに、演目と役者が一体化したパーソン消費に他ならない。

パーソン消費は、宝塚歌劇や歌舞伎にとどまることはない。たとえば、美容院を考えてみよう。美容院における整髪行為もきわめて個人的であるから、まさにワン・トゥ・ワンの対応が必要とされる。したがって、顧客は特定の美容師との関係を重視する。自らの頭髪の特徴を理解し適切な対応をしてくれる美容師こそが、顧客満足の最大のポイントである。だから、美容師が移動すれば顧客も移動する。まさに、パーソン消費なのである。同様のことは、保険代理店の営業マン、旅行代理店の営業マンにもいえることである。彼らは、サービス内容のみを評価するのではなく、特定の営業マンに信頼を寄せて、ファイナンシャル・プランをともに作り、旅行プランをともに作るという行為に満足を覚えるのである。

関係性づくりの消費

そもそも人々にとって消費とは何なのだろうか。もちろん、われわれは食を得ることによって生きていく。だが、それだけでは人々は生きてゆけない。われわれが消費するということは、生きていくということ以上に、人生をつくっていくことなのだろう。だから、スーパーや量販店や百貨店における買物は、われわれの人生をつくっていく「ライフスタイル消費」なのではないか。となれば、洗剤を買うだけの生活とは違った人生というものがあるはずだろう。そこにこそ、マーケティングの、人々に対する貢献の本来的な目的がある。人々は、製品サービスを消費し、人を消費し、地域やアートを消費することによってライフスタイルを形成していく。さらに重要なことは、人々はコミュニティを消費することによってライフスタイルを形成する。人々のネットワークのなかの自分、このことが人々の消費の最高の行為であり、最終行為である。

コミュニティ消費とは、自らコミュニケーションを選択・形成し、そのコミュニティの価値フレームで行動するということである。これまでの議論では、人々は与えられた集団のなかで行動を制約されるとされた。会社あるいは職場集団がその典型であろう。しかし、今日のように成熟した消費者は、与えられた集団に拘束されることはない。自らが選択し、あるいは形成した集団のなかの自分という姿で行動する。ここに、コミュニティ消費における関係性の形成が重要になってくるのである。

では、コミュニティ形成のための関係性構築はどのように行われるのだろうか。ここでの関係性とは、人と人との交わりの形、そして交わりの集合としてのコミュニティの形のことを指している。それでは、人と人との交わりの形にはどのようなものがあるのだろうか。伝統的なコミュニケーション論では、コミュニケーションは大きく分けてインパーソナルとパーソナルに分類される。前者の典型的なものはマスメディアであり、それは一方向的コミュニケーションである。後者の典型は小売店における面対面の販売であり、コミュニケーションは双方向的である。そして、われわれが提唱する関係性の形は後者の面対面双方向のコミュニケーションによって構築されるものである。この場合、プロダクト・サービス供給者と購買者は、時空間を共有するということになる。とくにサービス財の場合には両者が時空間を共存し、双方向的なコミュニケーションが行われなければ、財は成立しないことになる。

4 関係性づくりの方途

面対面のコミュニケーションにおける関係性づくり

われわれは関係性づくりのさまざまな方途を探求することによって、超高関与消費者群の需要拡大への積極的な関与を考えたいと思う。まず、関係性づくりの前提はパーソナル・コミュニケーションであるから、従来の枠組で考えれば、この対象は面対面のコミュニケーションが行われる市場を考える必要がある。たとえば、先に挙げた面対面小売業態であり、旅行代理店、美容室、保険代理業、銀行のリテール業務などであろう。そして、これらの業種で大事なのは、販売する製品やサービスとともに、顧客に対応するサービス・スタッフであり、営業マンである。そこにはとくに面対面のなかでの顧客とサービス・スタッフとの双方向的な関係性が必要であり、そのことの良否がパーソン消費の質を決定することになる。

面対面によるパーソナル・コミュニケーションの場合には、その質は、サービス・スタッフの商品カテゴリーにおける技術（expertise）と顧客とのさまざまな面における共有性に基づく親密性（intimacy）に依存する。そして、このことが顧客とサービス・スタッフとの関係性の絆づくりに貢献し、さらに双方向的なコミュニケーションが強化されることによって、製品サービスの共創という行為が生まれ出る。ただし、この場合には、サービス・スタッフのみならず、顧客の側にも強い製品サービスへの関与と知識が必要になってくる。そして、ここにこそ、顧客の側の超高関与な状態が必要とされるのである。したがって、サービス・スタッフの側には、自らの製品サービスに対する高いレベルの技術と、顧客の関与度と知識度を見極める能力が必要となってくる。そして、サービス・スタッフには、高度な製品サービスに関する技術と知識が求められ、顧客の表現するライフスタイルを見抜いていく判断力が必要となってくるだろう。

サービス・スタッフがこのような能力を高めるためには、オン・ザ・ジョブ・トレーニングはもちろんのこと、継続的な研修訓練が必要となってくる。つまり、真の意味でのプロフェッショナルなサービス・スタッフの育成が必要になってくるのである。結果として、超高関与消費者とサービス・スタッフとの間に生まれ出る相互作用的な絆によって需要は拡大し、顧客はサービス・スタッフをパーソン消費し、サービス・スタッフは顧客の超高関与消費化を促進するということになる。ここに、パーソン消費を果たした超高関与消費者の面対面による口コミ行動が発生する余地が生まれ出る。

1対1の関係性への転換

関係性づくりの第二の方途は、本来的には1対 n の関係、たとえば製造業企業と消費者との関係性を1対1の関係性に転換するというものである。この方途には二つのことが考えられる。

その第一は、製造業企業がネット上にウェブサイトなどを開設したインパーソナルな空間での1対1の関係性づくりである。今日では多くの製造業企業がウェブサイトを開設し、製品サービスのさまざまな情報を1対 n の関係で提供している。と同時にウェブサイト上に顧客との対話の窓を設けている。このような関係性の形は古くは、苦情処理センター、あるいはお客様相談室という形で存在していた。しかし、このような関係性の形は、多くは顧客のクレーム窓口として機能しており、コミュニケーションは、顧客の側からの一方向という形がほとんどであった。これに対して今日存在するネット上の顧客との対話の窓は、クレーム処理以上のものを想定しており、製造業企業と顧客との間の製品サービスに関する双方向的なコミュニケーションが発生していると考えていいだろう。

第二の方途は、製品サービスのユーザー・イメージから発生する。製品サービスと顧客との間の自己概念の交差によるものである。ここでは、消費者は企業あるいは超高関与消費者群が発進するユーザー・ライフスタイル・イメージと自らの自己概念を交差し、あたかも形成されたユーザー・イメージと自らのイメージを1対1の関係で交差することによってイメージ上の関係性の絆が発生することになる。ここで重要なことは、製品サービスの質は、それのみならず、そこに存在するブランド・パーソナリティやブランド・ライフスタイルによって形成されるということである。

以上のような形での関係性づくりの前提は、製造業企業のウェブサイトにアクセスするとか、ブランド・ユーザー・イメージに強く反応するといったことから考えて、明らかに超高関与消費者の参画である。しかし、ここでもまだ、製造業企業あるいはサービス企業にあっても、その関係性は1対1である。われわれが求めているのは、あくまでも超高関与消費者群の需要拡大への貢献であるから、さらなる方途の探索が必要になるだろう。

CtoCの関係性づくり

本書でわれわれが追求しているのは、あくまでも「超高関与消費者群の需要拡大への貢献」である。しかし、これまで述べてきた関係性づくりの方途はあくまでも企業対消費者の1対1の関係性づくりであるから、これまでのマネジリアル・マーケティングおよび関係性マーケティングの枠組を超えることはない。本書で最後に強調したいのは、CtoCの関係性であり、ここにこそ需要拡大のエンジンがあると考えられるのである。

CtoCの関係性づくりは、これまでもさまざまな企業が行っている。一つの例を掲げてみよう。それは、エスティ ローダーの主催するランデブー・クラブである。エスティ ローダーでは毎年秋に新製品を発売し、この時期に同社製品を一万円以上購入した顧客に対して、ランデブー・クラブへの入会を勧誘する。このクラブに入会した顧客には、会員への新製品のいち早い案内などさまざまな情報が提供されている。しかし、ランデブー・クラブの活動のなかで特筆すべきは、観劇会の開催であり、とくに観劇後の食事会の提供である。これはあくまでもメーカー主催のものではあるが、食事会を通じてC to Cの関係性づくりを意図している。同様の催しは、ハーレーダビッドソンでも行われている。これは年一回ハーレーダビッドソンの愛好者が一堂に会し、会員相互の親睦を図っているものである。これら二つの例は、C to Cの関係性づくりを意図したメーカー主導型のクラブ活動である。

C to Cの関係性づくりの本質は、顧客を中心としたボランタリーな活動であり、ここにこそ会員同士の自主的な交流が存在し、自然発生的な需要拡大の波が生まれてくるのだろう。したがって、C to C関係性づくりに対しては企業がさまざまなイベントを組んでC to Cの関係性づくりを誘発するのではなく、顧客が中心となって自然発生的にクラブやコミュニティが形成されることが重要である。かつてわが国の映画界に大きな足跡を残した『踊る大捜査線ザ・ムービー』は、自発的なインターネット・サイトが形成されたという意味で特筆すべきものだろう。

「踊る大捜査線」のネットワーク形成の発端は、フジテレビの連続ドラマである。「踊る大捜査線」の映画ヒットのプロセスについては、澁谷（一九九九）に詳しいが、ここでのC to C関係性づくりのプロセスを要約すると、以下のようである。

フジテレビは、ドラマ『踊る大走査線』開始と同時にオフィシャル・サイトを開設した。ここで重要なことは、多くのサイトが情報提供にとどまっているのに対して、このサイトはドラマのメイキング情報を中心にして顧客のサイトへの誘導を図ったことである。ドラマは毎週続き、各回のドラマ・メイキングの情報を流すわけだから、当然ながらヘビーな視聴者がサイトに投稿してくる。ここで注目すべきは、このサイトで議論された内容が次週のドラマに反映されているということである。サイト投稿者は自らの意見がドラマに反映されるのを見て、あたかもフジテレビと自分とが共同でドラマを制作していると感じ、ますますサイトへの参加意欲を高める。ただし、このオフィシャル・サイトへの参加者はそれほど多くはない。およそ一〇〇〇人くらいと推定されている。

オフィシャル・サイトへの投稿者は、当然ながらこのドラマに対する超高関与消費者群である。オフィシャル・サイトでのフジテレビの側と投稿者との間の議論は興味深い。ここでは、多くの消費者がこのオフィシャル・サイトでドラマに関する議論を楽しみにしている。ただし、一〇〇万人ともいわれる一般の消費者はＲＯＭ（read only member）であり、オフィシャル・サイトに投稿する勇気はもっていない。でも、彼らはオフィシャル・サイトの議論に興味を示し共感を覚える消費者群なのである。さらに、ＲＯＭは自らがサイトを立ち上げる。これは「踊る」の世界では「所轄」と呼ばれるサイトである。これらのサイトはまったくもってボランタリーであり、これをフジテレビが管轄することはない。「踊る」の場合、このボランタリーな「所轄」サイトは全国に拡大し、まさに、オフィシャル・サイトに誘導されたボランタリー・サイトが全国的に展開して「踊る」の大ヒットを生み出したといっていいだろう。このネット上のサイト展開は決して面対面ではない。だが、製品サービスに関して段階的なネットワーク構造ができあがったのである。

「踊る大捜査線」における以上のようなネットワーク構造は、段階的かつ階層的である。そして、ここに新製品サービスの普及における新たなプロセス・フォーマットをみることができるのである。つまり、ドラマの開始とともにフジテレビによるオフィシャル・サイトが開設され、そこにメイキング情報を提供することによって、超高関与消費者が反応し投稿し、そして議論を展開する。一方で、このオフィシャル・サイトを見つめる消費者が多数存在し、自らは投稿しないものの、サイト上の議論を面対面の口コミによって第三段階の新規消費者を需要に誘う。ドラマを制作するフジテレビ、オフィシャル・サイトを開設し超高関与消費者を誘導するフジテレビ、オフィシャル・サイトに積極的に投稿しドラマ制作にも関与する超高関与消費者、オフィシャル・サイトの議論に興味を示しROMとなる消費者、そしてオフィシャル・サイトの議論の情報を面対面で新規顧客に提供するROM消費者という流れのなかで、段階的にさまざまなコミュニケーション形態が発生し、やがて映画の大ヒットへとつながるという構造がみえてくる。

以上のような、関係性づくりのさまざまな方途に対して企業はどのような戦略発進をしたらいいのだろうか。

5 消費者のボランタリズム

企業の新たな戦略発進

かつて筆者は、「マーケティング・アズ・コミュニケーション」という概念を提唱し、４Ｐも含めたすべてのマーケティング戦略行為はコミュニケーション行為であるとした。ここで本書を閉じるにあたって、このような観点から議論を進めたいと思う。

マーケティングはまさに、すべてにわたってコミュニケーション活動である。価格政策にしても、それは商品の価値表明であり、消費者の側からいえば価値評価である。いわゆる、「値ごろ」という言葉は、消費者の製品の価格に対する評価である。製品が価値を表明し、価格が製品サービスの品質を保証し、広告が商品の正しい価値を表明し、流通政策が商品の流通を促進することによって商品価値の全国的な流布を促進する。このような意味で先に示したマネジリアル・マーケティングの概念は有効である。しかし、消費ということを考えた場合、これだけでいいのだろうか。

わが国の消費者は、バブル経済とその崩壊を経験し、リーマン・ショックを体験して、まさに高度に成熟していった。ここに、企業側の単純な流れによる需要拡大策は通用しなくなってきたのである。今やわが国の消費市場は、バブルとリーマン・ショックを体験したがゆえに高度に賢くなった消費者によって支配されることになってきた。ここでの市場原理は、「本質」という概念である。

だからこそ、このようなわが国の消費者の本質に基づいた消費行動に対応する企業側の戦略対応が必要なのである。

ここで、企業側のこのような消費者への対応として、コミュニケーションという立場から二つの筋道を考えてみよう。その第一はインパーソナルなコミュニケーションであり、第二はパーソナルなコミュニケーションである。以下、それぞれのコミュニケーションの側面に立って新たなマーケティング戦略の対応について考えてみたい。

インパーソナルなコミュニケーションによる需要拡大の方途

インパーソナルなコミュニケーションの基本形は、マスメディアである。ＴＶＣＭを視聴し新聞を購読することによって、人は製品サービスの存在を知り購入し、継続購買をすることによってブランドが形成される。ここでは、製品サービスのマスメディアによる告知によって人は製品サービスを購入し、結果として再購入を続けることによってブランドが確立するという論理が成り立っている。このような現象は、日用雑貨品や加工食品について著しい。なぜならば、これらの商品については消費者はその品質に安定感をもっておらず、同一ブランドを継続購買することによって品質の安定感を得るからである。

インパーソナルなコミュニケーションは、たとえばＴＶでの継続的なブランド告知によって消費者に製品サービスの品質に対する安心感を生み出す。これまでの研究のなかでは、広告力、とくに

ＴＶＣＭによる繰り返しの告知がブランド知名を獲得し、ブランド・ロイヤルティが達成されるとされてきた。ここで問題となるのは、どのようなＣＭの内容が消費者の知名を獲得しうるのかということである。近年とくに多くみられる、保険サービスや通信販売商品の告知内容はきわめて単純である。果たして消費者はこれら製品サービス内容の告知によって購買意欲を高めるのだろうか。これらの告知内容の多くは製品サービス機能の告知であり、ポイント・サービスなども含めた価格訴求である。確かに消費者はこれらの告知内容に刺激されて購買意欲を高めるだろう。しかし、製品サービスの品質が保証されない限り、これらの購買意欲は一過性のものにとどまり、継続購買を促すことは難しい。ビール各社がいかにビール飲料の特徴として爽快感を訴えようとも、その需要は即時的でありブランド・ロイヤルティには結びつかない。それゆえに、今日のわが国のビール市場におけるブランド・シェアは分散的である。

今日の高度化・多様化した消費者需要に対して継続的に有効と考えられるのは、単なる製品サービスの機能訴求や価格訴求ではない。消費者はなぜ特定製品サービスを購入し続けるのだろうか。それは、生活の豊かさ部分の消費において、消費者は製品サービスを自らのライフスタイルに刷り込もうとするからである。製品サービスのブランド・コンセプトと自らのライフスタイル・コンセプトとの擦り合わせ、このことが特定ブランドの継続的消費へと結びつくのである。したがって、インパーソナルなコミュニケーションによってブランド購入つまり継続購入を促進したいとするならば、製品サービスの告知内容は機能や価格を超えてブランド・コンセプトの訴求が必要であり、ここにこそ製品サービスの物語性やブランド・コンセプト、ユーザー・コンセプトの訴求が必要となってくるのである。

同様のことは、マスメディア以外にもインターネット・メディアでも発生するだろう。マスメディアにおけるブランド・ユーザー告知は企業の側からの発進である。ここでは、企業の側から超高関与消費者の像を作り上げ発進する。これに対して、インターネット上では消費者自身が自らのユーザー・イメージのライフスタイル像を発進する。いずれにしても、このようなライフスタイル像の発進は一方向的であり、そこにブランド・ユーザー・イメージが強ければ強いほど、消費者の自らのライフスタイルへの刷り込みというインパーソナルなコミュニケーションによる需要拡大の流れが発生する。したがって、企業がなすべきことは、自らの製品サービスのブランド・ユーザー・イメージを形成し、マスメディアであれインターネットであれ、それを一般消費者に発進し、共感を得ることによって、新規需要拡大への刺激を与えることなのである。

パーソナルなコミュニケーションによる需要拡大

パーソナルなコミュニケーションによる需要拡大のマーケティング的な方途の一つは、販売促進政策である。製造業企業であれ小売サービス業であれ、消費者との直接的な接触はさまざまな販売促進策によって実現する。たとえば、製造業企業が行う消費者キャンペーンは、サントリーの「ボス」のキャンペーンにみられるように、その応募総数は一〇〇〇万件を超えることが多い。しかし、このような販売促進キャンペーンは、製造業企業や小売企業にかかわらず一方向的である。
パーソナルなコミュニケーションによる需要拡大は、本質的に企業と消費者との側の双方向的なコミュニケーションによって行われることが望ましい。したがって、パーソナルなコミュニケーションに基づいた販売促進策は双方向的なコミュニケーションをつくることが重要であり、双方向的なイベント・コミュニケーションを創造することが必要である。ここでのイベント・コミュニケーションは双方向的であり体験的であるから、コミュニケーション流は1対nを超えて、1対1あるいはn対nの関係をつくることが重要である。つまり、イベントによるコミュニケーションは、消費者にとって体験的であり、創発的であるべきである。ここでは、B to Cのコミュニケーションおよび C to Cのコミュニケーションが必要なのである。

それでは、C to Cの双方向的なコミュニケーションを誘発するには、企業はどのようなマーケティング戦略を展開したらいいのだろうか。もはや、企業の一方向的なB to Cコミュニケーションからは需要が拡大することはない。しかし、C to Cコミュニケーションによる需要拡大を企業が促進することは難しい。なぜならば、C to Cコミュニケーションには本質的に企業が関与できないからである。したがって、ここでは消費者側のボランタリーな活動に需要拡大をゆだねるということになる。いわゆる口コミ・コミュニケーションによる需要拡大である。

C to Cの双方向的なコミュニケーションによる需要拡大については、基本的に企業が関与することは難しいため、従来の面対面コミュニケーションやインターネット上のC to Cコミュニケーションの自発性に企業はゆだねざるをえないということになる。しかし、これでは企業の需要拡大のマーケティングは自らの方途を失ってしまう。需要拡大を強く志向するマーケターとしては、いかにしてCtoCのコミュニケーションを促進し、需要拡大を担うかということが重要である。

ここで改めて考えたい。マーケティングの基本とは、いかにして消費者のボランタリズムを刺激し拡大させ、需要を喚起するかということであったと思う。マネジリアル・マーケティングにしても関係性マーケティングにしても、マーケティングは、カスタマー志向を追求しながら、いかに消費者の側のボランタリズムを刺激し促進するかということではなかったのだろうか。つまり、マーケティングがどのような方策で消費者のボランタリズムを刺激するかということが最重要課題であり、この解決策を探求することが、新たなマーケティング・フレームを捉えることにつながるのである。

最終的に、本書の主張は、いかにして企業がマーケティングの名のもとに、消費者のボランタリズムを促進し需要を拡大しうるかということであり、その方途の開発こそが新たなマーケティング戦略の展開へと進むのである。

CtoCコミュニケーション促進のためのマーケティング

マーケティングは本来的に企業行為であり、企業が主体的に需要を開発し開拓し拡大することが求められている。したがって、マーケティング行為の主たる役割は、製品開発による新規需要の創出と同時に、顧客開拓や顧客づくりによる需要拡大であると考えられるだろう。

　基本的に企業は消費者のC to Cの関係性を作り出すことはできない。しかし、マーケティング企業にとって新たな需要拡大は必須の使命であるから、何としても、消費者を活用した戦略を打ち出したいのである。そして、ここにこそ超高関与消費者という存在が必要となってくるのである。

　超高関与消費者誘導による需要拡大は難しい。なぜならば、超高関与消費者を企業の側でつくるのは難しいからである。先に示したユーザー・イメージのメディアによる発進は、確かに超高関与消費者群像を生み出し、新たな需要を拡大することが可能かもしれない。しかし、新規需要の拡大を消費者のボランタリズムによるものと考えた場合、企業の側が主体的に超高関与消費者を生み出し、彼らが新規需要拡大に邁進することは期待できない。したがって、企業の側で可能なことは、製品サービスのユーザー・イメージ、ライフスタイル・イメージを強く訴求することによって、それに賛同する超高関与消費者の誕生を刺激し、彼らがボランタリーに新規顧客の拡大に努力することを期待することであろう。

❁おわりに

　われわれはアビック（abic）研究会という名のもとに、永年にわたって地域ブランドの研究を進め、二〇〇九年に『地域ブランド・マネジメント』（有斐閣）として上梓した。そこで、次の目標を何にするかという議論がなされた。われわれ研究会メンバーの多くは日本消費者行動研究学会

（JACS）の会員である。第1章でも述べたように、この学会の報告の多くは情報処理モデルに関わるものであって、研究が停滞しているのではないかという感じを抱いた。

「消費者行動研究に新しい光を当てなければ」、このような思いのなかでわれわれは議論を重ね、結果として、研究の対象を個の特性に戻るべきだ、製品サービスを超えた普遍的なものを探るべきだと考えた。思えば、日本の消費者は世界を超えて高度化し多様化している。そして、その主な消費対象はサービスでありアートではないかと思った。

以上の各章で、われわれ研究グループの思いは十分に伝わったと思う。ここで議論したかった鍵概念は、超高関与消費者、その群像、消費者のライフスタイル消費、自己概念の形成などであり、基本的にマーケティングの基本目的としての需要開発需要拡大をどう扱っていくのかということである。先行きがみえないわが国の消費市場にあって、さらに先に進める方途をみつけるのがわれわれマーケティング学者の使命である。本書では、超高関与消費者群像という概念を促進することによって、成熟し停滞するわが国の消費市場に対して、「新たなマーケティング対応」という一石を投じたいと考えてきたのである。

あとがき

思えば、マーケティングの旅に出てから四〇年以上も経ってしまいました。始まりは、かつての慶應義塾大学ビジネス・スクール（ＫＢＳ）の同僚・嶋口充輝との出会いでした。彼との出会いも奇妙でした。私は高校からの慶應ボーイ、嶋口は甲府から出てきたぽっと出の慶應ボーイ、同じクラスでも、同じ部活の仲間でもない。私の学生時代のひたむきな留学願望が二人を引き合わせてしまいました。当時、慶應には夏季交換留学制度、夏休みを利用した短期留学制度があり、ここで私は嶋口と出会ってしまったのです。

この制度は当時としては異例で、夏休みの留学の三カ月前から研修を行っていました。慶應三田キャンパスでの三カ月にわたる研修、そして留学先のオハイオ州立大学での一カ月半の留学で、われわれは急速に打ち解けていきました。帰国後、われわれ留学した者同士が数人集まって勉強会を開きました。

この勉強会は卒業するまで続きました。そして、嶋口は大学院へ、私はやむなく食品会社に就職しました。その後、嶋口はミシガン州立大学の修士課程に留学。彼は帰国後、留学願望の強かった私のことを憶えていて、「お前も行ってこいよ」といって、当時、慶應義塾大学商学部教授だった村田昭治先生を紹介してくれました。村田教授は私に会うなり「会社辞めてすぐ行ってこい」と発しました。そして、私は念願だったミシガン州立大学の修士課程に留学したのです。

ミシガン州立大学では、当時マネジリアル・マーケティングの権威とされたウィリアム・レーザー教授と出会い、お世話になりました。レーザー教授に紹介されて、その後ペンシルバニア州立大学の博士課程に留学しお世話になったユージン・J・ケリー教授、消費者行動の実証研究の方法を叩き込んでくださったジェリー・オルソン教授などなどに出会えました。これまでの人生がほとんど人との出会いによって決まってきたような気がします。

本書のベースとなったアーク研究会のメンバーとも不思議な出会いから始まっています。とくに関西大学の徳山美津恵先生と駒澤大学の菅野佐織先生とは、われわれの所属する日本消費者行動研究学会のコンファレンスの後のパーティで出会いました。当時、彼女たちは学習院大学の大学院生として学会に参加していました。「先生、なにか面白い研究やりましょうよ」という冗談半分とも思える会話から『地域ブランド・マネジメント』の基礎となる研究会が始まりました。その後、電通名古屋支社の若林宏保君が加わり、電通からの資金援助も受けて地域研究が始まりました。

この研究会は研究対象が地域ということもあって、皆でいろいろな地域を訪問しました。メンバーの家族も取材合宿に参加しました。徳山先生が結婚して子どもが生まれ、菅野先生も結婚して子どもが生まれ、私も息子が結婚して孫ができました。本会メンバーの長尾雅信君は私のKBS時代の博士課程の卒業生です。彼も新潟大学に赴任してから結婚し、子どもが二人できました。これらのメンバーで書いた『地域ブランド・マネジメント』が二〇〇九年に刊行され、研究会が終わりました。皆の「もっと研究したいね」という言葉に導かれて、宝塚歌劇ファンの研究を主体とする今回のアーク研究会が誕生しました。

アーク研究会ではなぜ宝塚ファンに焦点を当てるのか。一つは、私が慶應時代から関わっていた三田のアート・センターによるアート・マネジメント講座開発の研究がベースです。津村将章九州産業大学講師は、当時の実験的なアート・マネジメント・セミナーの受講者です。二つには、私が幼い頃から母に連れられて宝塚歌劇を観劇したことでしょう。当時、宝塚男役大スターだった春日野八千代さんの『虞美人』を見たことを憶えています。研究生活のなかで、消費者行動としての宝塚ファンの研究をいつかはしたいと思っていました。そこで考えたのが、パーソン消費や空間消費・コミュニティ消費という概念です。私の現在の研究の基本スタンスは関係性マーケティングですから、これらの概念がこの枠組に包摂しうると考えました。そして、ライフスタイル概念も。

いつもうずく反逆の心。消費者情報処理アプローチを金科玉条とする学界の流れへの反発。やはり消費者行動研究の基本は個の研究にありとする強い思い。このような心が私を宝塚ファンの研究へ、パーソン消費概念への挑戦に導いたと思います。そして、企業活動から心の底に根づいていたライフスタイルへの思い。このようなことが今回のアーク研究会のベースです。

前回の地域研究で大いに貢献された菅野先生には分析で大変に活躍していただいたのですが、執筆には参加いただけませんでした。改めて感謝します。

第3章と第7章を担当いただいた飯島健さんは現在、東急文化村シアターオーブのチーフプロデューサーです。彼は慶應を出て阪急電鉄に入社し、広告宣伝部門で活躍された後、宝塚歌劇団の月組・雪組のプロデューサーとなりました。その後シアター・ドラマシティ、新国立劇場を経て現在に至っています。私と彼がどのように出会ったのかは、ほとんど記憶にありませんが、今では兄弟のような間柄です。今回の研究会では、飯島氏の人脈を通じて、さまざまな人に取材することができました。オケピ社の山野上寛社長、宝塚に関する著作も多い作家の中本千晶さん、現在は東京大学大学院で学んでおられる名和由里さん、そして、宝塚歌劇団月組元娘役トップスター麻乃佳世さん。さらには、山野上さん、中本さん、名和さんを通じて取材させていただいた多くの宝塚歌劇ファンの方々。本書の発刊にあたって、心より感謝したいと思っています。

最後に、アーク研究会の事務局を担当してもらった小樽商科大学准教授の鈴木和宏君、いろいろとご苦労さまでした。鈴木君は私の関西学院大学時代の博士課程の弟子で、博士論文もライフスタイルに関わるものでした。本当にありがとう。

また、忘れてならないのが有斐閣の編集の方々です。私の有斐閣での著作は今回で五冊目だと思いますが、一人で編集するは今回が初めてです。発刊にあたっては柴田さんに本当にお世話になりました。今回の発刊が実現できたのも、柴田さんと尾崎さんのおかげだと思います。

そして、改めてブランド、超高関与消費者、パーソン消費・コミュニティ消費、空間消費、アート、ライフスタイルなどの概念がわが国の消費者にとって大切な概念であることを訴えつつ、本書を閉じたいと思います。

二〇一四年一一月　軽井沢にて

和田　充夫

❁参考文献

青木幸弘（一九八八）「関与概念と消費者情報処理（2）――概念的枠組と研究課題」『商学論究』36（1）
青木幸弘（一九八九）「消費者関与の概念的整理――階層性と多様性の問題を中心として」『商学論究』37（1／2／3／4）
青木幸弘（二〇〇四）「製品関与とブランド・コミットメント――構成概念の再検討と課題整理」『マーケティングジャーナル』23（4）
青木幸弘（二〇一〇）『消費者行動の知識』日本経済新聞出版社
青木幸弘編著（二〇一一）『価値共創時代のブランド戦略――脱コモディティ化への挑戦』ミネルヴァ書房
青木幸弘（二〇一二）「消費者行動の分析フレーム」青木幸弘・新倉貴士・佐々木壮太郎・松下光司『消費者行動論――マーケティングとブランド構築への応用』有斐閣
青木幸弘・新倉貴士・佐々木壮太郎・松下光司（二〇一二）『消費者行動論――マーケティングとブランド構築への応用』有斐閣
東園子（二〇〇九）「『宝塚』というメディアの構造」青弓社編集部編『宝塚という装置』青弓社
井上哲浩（二〇一三）「関係性マーケティングと無償のマーケティングによる超顧客志向に関する一考察」『商学論究』60（4）
インテリジェンス（二〇〇七）「高校生・大学生・フリーター　若者のマネー事情」（http://www.inte.co.jp/library/survey/20070424.html）
植田紳爾・川崎賢子（二〇一四）『宝塚百年を越えて――植田紳爾に聞く』国書刊行会
奥川結香（二〇〇九）「タカラヅカファンの実態――華麗な舞台の知られざる裏側」青弓社編集部編『宝塚という装置』青弓社

小山内秀和・楠見孝（二〇一三）「物語世界への没入体験――読解過程における位置づけとその機能」『心理学評論』56（4）
川崎賢一・佐々木雅幸・河島伸子（二〇〇二）『アーツ・マネジメント』放送大学教育振興会
川崎賢子（一九九九）『宝塚――消費社会のスペクタル』講談社
川崎賢子（二〇〇五）『宝塚というユートピア』岩波書店（岩波新書）
河島伸子（二〇〇二）「文化におけるマーケティング・マネジメント」川崎賢一・佐々木雅幸・河島伸子『アーツ・マネジメント』放送大学教育振興会
小林一三（一九九七）『逸翁自叙伝』日本図書センター
阪田寛夫（一九九一）『わが小林一三――清く正しく美しく』河出書房新社（河出文庫）
澁谷覚（一九九九）「ケース編・分析編：『踊る大捜査線』」慶應義塾大学リサーチペーパー、65
清水聰（一九九九）『新しい消費者行動』千倉書房
宝塚音楽学校「宝塚音楽学校について」宝塚音楽学校（http://www.tms.ac.jp/about_tms/：二〇一五年一月二〇日閲覧）
宝塚歌劇愛好会編著（二〇一四）『宝塚観劇ガイド――１００周年記念版』鹿砦社
宝塚歌劇団（一九六四）『宝塚歌劇五十年史』宝塚歌劇団
宝塚歌劇団（一九八四）『宝塚歌劇の70年』宝塚歌劇団
宝塚歌劇団（二〇〇四）『すみれ花歳月を重ねて――宝塚歌劇90年史』宝塚歌劇団
宝塚歌劇団検定委員会編（二〇一一）『宝塚歌劇検定公式基礎ガイド　２０１１』阪急コミュニケーションズ
チクセントミハイ、ミハイ＝ナカムラ、ジーン（二〇〇三）「フロー理論のこれまで」今村浩明・浅川希洋志編『フロー理論の展開』世界思想社
中本千晶（二〇〇九）『宝塚読本』文藝春秋（文春文庫）
中本千晶（二〇一一）『なぜ宝塚歌劇の男役はカッコイイのか――観客を魅了する「男役」はこうして創られる』

東京堂出版
中本千晶（二〇一二）『ヅカファン道』東京堂出版
中本千晶（二〇一四）『タカラヅカ100年100問100答』東京堂出版
新倉貴士（二〇一二a）「情報処理のメカニズム」青木幸弘・新倉貴士・佐々木壮太郎・松下光司『消費者行動論――マーケティングとブランド構築への応用』有斐閣
新倉貴士（二〇一二b）「情報処理の動機づけ」青木幸弘・新倉貴士・佐々木壮太郎・松下光司『消費者行動論――マーケティングとブランド構築への応用』有斐閣
西原彰宏（二〇一三）「関与概念の整理と類型化の試み」『商学論究』60（4）
阪急電鉄「事業紹介 エンタテインメント・コミュニケーション事業」阪急電鉄（http://www.hankyu.co.jp/company/entertainment/：二〇一五年一月二〇日閲覧）
堀田治（二〇一一）「超高関与領域における消費者行動」『法政大学大学院経営学専攻修士論文成果集』二〇一〇年度
堀田治（二〇一二）「アートにおける超高関与の消費者行動とコミュニケーション――劇場に集う観客の事例」『日経広告研究所報』46（5）
堀田治（二〇一三）「アート消費における精緻化された関与――関与と知識による新たな消費者モデル」『WORKING PAPER SERIES』142、法政大学イノベーション・マネジメント研究センター
宮本直美（二〇一一）『宝塚ファンの社会学――スターは劇場の外で作られる』青弓社
和田充夫（一九八四）「マーケティング戦略の構築とインヴォルブメント概念」『慶應経営論集』5（3）
和田充夫（一九九八）『関係性マーケティングの構図――マーケティング・アズ・コミュニケーション』有斐閣
和田充夫（一九九九）『関係性マーケティングと演劇消費――熱烈ファンの創造と維持の構図』ダイヤモンド社
和田充夫（二〇〇二）『ブランド価値共創』同文舘出版
和田充夫（二〇一三）「超高関与消費者行動とその対応戦略――BMWから宝塚歌劇まで」『商学論究』60（3）

渡辺裕（一九九九）『宝塚歌劇の変容と日本近代』新書館
渡邊守章（一九九〇）『演劇とは何か』講談社

Belk, R. W. (1975) "Situational Variables and Consumer Behavior," *Journal of Consumer Research*, 2(3), pp. 157-164.
Bloch, P. H. (1981) "An Exploration into the Scaling of Consumers' Involvement with a Product Class," *Advances in Consumer Research*, 8, pp. 61-65.
Bloch, P. H. (1986) "The Product Enthusiast: Implications for Marketing Strategy," *The Journal of Consumer Marketing*, 3(3), pp. 51-62.
Bloch, P. H. and Bruce, G. D. (1984) "Product Involvement as Leisure Behavior," *Advances in Consumer Research*, 11(1), pp. 197-202.
Chung, E., Beverland, M., Farrelly, F., and Quester, P. (2008) "Exploring Consumer Fanaticism: Extraordinary Devotion in the Consumption Context," *Advances in Consumer Research*, 35, pp. 333-340.
Csikszentmihalyi, M. (1975) *Beyond Boredom and Anxiety*, San Francisco: Jossey-Bass.（今村浩明訳『楽しみの社会学 改題新装版』新思索社、二〇〇〇年）
Csikszentmihalyi, M. and LeFevre, J. (1989) "Optimal Experience in Work and Leisure," *Journal of Personality and Social Psychology*, 56(5), pp. 815-822.
Gabbott, M. and Hogg, G. (1999) "Consumer Involvement in Service: A Replication and Extension," *Journal of Business Research*, 46, pp. 159-166.
Havitz, M. E. and Mannell, R. C. (2005) "Enduring Involvement, Situational Involvement, and Flow in Leisure and Non-leisure Activities," *Journal of Leisure Research*, 37(2), pp. 152-177.
Houston, M. J. and Rothschild, M. (1978) "Conceptual and Methodological Perspectives on Involvement," In Jain, S. C. ed. *Research Frontiers in Marketing: Dialogues and Directions*, Chicago: American Marketing Association,

pp. 184-187.

Iwasaki, Y. and Havitz, M. E. (2004) "Examining Relationships between Leisure Involvement, Psychological Commitment, and Loyalty to a Recreation Agency," *Journal of Leisure Research*, 36(1), pp. 45-72.

Kim, S., Scott, D., and Crompton, J.L. (1997) "An Exploration of the Relationships among Social Psychological Involvement, Behavioral Involvement and Future Intentions in the Context of Birdwatching," *Journal of Leisure Research*, 29(3), pp. 320-332.

Kotler, N. and Kotler, P. (1998) *Museum Strategy and Marketing: Designing Missions, Building Audiences, Generating Revenue and Resources*, John Wiley & Sons.

Kyle, G. T., Absher, J. D., Hammitt, W. E., and Cavin, J. (2006) "An Examination of the Motivation-Involvement Relationship," *Leisure Sciences*, 28(5), pp. 467-485.

Laurent, G. and Kapferer, J. -N. (1985)" Measuring Consumer Involvement Profiles," *Journal of Marketing Research*, 22(1), pp. 41-53.

Lusch, R. F. and Vargo, S. L. eds. (2006) *The Service Dominant Logic of Marketing: Dialog, Debate, and Directions*, New York: M. E. Sharpe.

McAlexander, J. H., Schouten, J. W., and Koening, H. F. (2002) "Building Brand Community," *Journal of Marketing*, 66(1), pp. 38-54.

Muniz, A. M. and O' Guinn, T. C. (2001) "Brand Community," *Jorunal of Consumer Research*, 27(4), pp. 412-432.

Park, S. (1996) "Relationships between Involvement and Attitudinal Loyalty Constructs in Adult Fitness Programs," *Journal of Leisure Research*, 28(4), pp. 233-250.

Park, W. C. and Mittal, B. (1985) "A Theory of Involvement in Consumer Behavior: Problems and Issues," Sheth, J. N. ed. *Research in Consumer Behavior*, 1, Greenwich, CT: JAI Press, pp. 201-231.

Pichler, E. A. and Hemetsberger, A. (2007) " 'Hopelessly Devoted to You': Towards an Extended Conceptualization of

Consumer Devotion," *Advances in Consumer Research*, 34, pp. 194-199.
Pimentel, R. W. and Reynolds, K. E. (2004) "A Model for Consumer Devotion: Affective Commitment with Proactive Sustaining Behaviors," *Academy of Marketing Science Review*, 2004(5), pp. 1-45.
Robertson, J. (1998) *Takarazuka: Sexual Politics and Popular Culture in Modern Japan*, Berkeley, Los Angeles and London: University of California Press.（堀千恵子訳『踊る帝国主義——宝塚をめぐるセクシュアルポリティクスと大衆文化』現代書館，二〇〇〇年）
Schiffman, L. G., Bednall, D., O'Cass, A., Paladino, A., Ward, S., and Kanuk, L. (2008) *Consumer Behavior*, 4th ed., Pearson Education Australia.
Schuett, M. A. (1993) "Refining Measures of Adventure Recreation Involvement," *Leisure Sciences*, 15(3), pp. 205-216.
Skinner, B. F.（1953) *Science and Human Behavior*, New York: Macmillan.
Slater, A. and Armstrong, K. (2010) "Involvement, Tate, and Me," *Journal of Marketing Management*, 26(7-8), pp. 727-748.
Traylor, M. B. (1981) "Product Involvement and Brand Commitment," *Journal of Advertising Research*, 21(6), pp. 51-56.
Unger, L. S. and Kernan, J. B. (1983) "On the Meaning of Leisure: An Investigation of Some Determinants of the Subjective Experience," *Journal of Consumer Research*, 9(4), pp. 381-392.
Vargo, S. L. and Lusch, R. F. (2004) "Evolving to a New Dominant Logic for Marketing," *Journal of Marketing*, 68(1), pp. 1-17.

◎ わ　行

◎ アルファベット

◎ ま　行

◎ や　行

◎ ら　行

◎な　行

◎は　行

◎ た　行

◎さ　行

❁ 索　引

◎ あ　行

◎ か　行

※編著者紹介

和田 充夫（わだ みつお）
1967 年　慶應義塾大学経済学部卒業
1977 年　米国ペンシルバニア州立大学経営学博士号（Ph. D.）取得
慶應義塾大学大学院経営管理研究科教授，関西学院大学商学部教授などを経て
現　在　慶應義塾大学名誉教授
主要著作：
『ブランド・ロイヤルティ・マネジメント』同文舘出版，1984 年
『小売業のエリア・マネジメント』同文舘出版，1987 年
『小売企業の経営革新』誠文堂新光社，1989 年
『レジャービジネスの経営診断』（編）日本経済新聞社，1992 年
『マーケティング戦略』（共著）有斐閣，1996 年（新版 2000 年；第 3 版 2006 年；第 4 版 2012 年）
『関係性マーケティングの構図』有斐閣，1998 年
『関係性マーケティングと演劇消費』ダイヤモンド社，1999 年
『2010 年「小売維新」』（編著）中央経済社，1999 年
『ブランド価値共創』同文舘出版，2002 年
『マーケティング・リボリューション』（共編）有斐閣，2004 年
『地域ブランド・マネジメント』（共著）有斐閣，2009 年

宝塚ファンから読み解く 超高関与消費者へのマーケティング
Marketing for Ultra-high Involvement Consumers

2015 年 3 月 30 日　初版第 1 刷発行

編著者　和田充夫
発行者　江草貞治
発行所　株式会社 有斐閣
郵便番号　101-0051
東京都千代田区神田神保町 2-17
電話　(03)3264-1315〔編集〕
(03)3265-6811〔営業〕
http://www.yuhikaku.co.jp/

印刷・萩原印刷株式会社／製本・大口製本印刷株式会社

ISBN 978-4-641-16457-4